Inhalt

1. Erstinformation zum Werk

Ödön von Horváth, deutsch schreibender Schriftsteller ungarischer Herkunft, ruheloser Wanderer in Europa zwischen Budapest und Paris, dem man in seiner Wahlheimat Deutschland die Aufenthaltsgenehmigung entzog, wurde 1901 geboren und starb 1938 im Pariser Exil durch einen tragischen Unfall.

Er war lange vergessen, wurde aber in den 1970er Jahren wieder entdeckt und aufgeführt. Sein bekanntestes Stück *Geschichten aus dem Wiener Wald* hält sich bis heute auf deutschen Bühnen. Es wurde 1931 uraufgeführt und war Horváths größter und nachhaltigster Bühnenerfolg, wurde aber nur wenig später vom Nazi-Regime verboten.

Es ist ein erstaunliches Theaterstück. Da treten – mit einer Ausnahme – nur schräge Typen auf: Sie sprechen wienerisch-gemütlich, manchmal vulgär, verwenden literarische Zitate, um Bildung vorzutäuschen, begehen seelische Grausamkeiten bis zum Sadismus, und am Schluss wird sogar ein Kind ermordet. Und das gesamte Geschehen wird mit einschmeichelnder Walzermusik unterlegt.

Die Handlung in Kürze: Ein harmloses Wiener Mädchen voller Zukunftshoffnungen und Erwartungen gerät unter die Räder der bürgerlichen Gemütlichkeit. Zuerst wird es vom Vater ausgebeutet und tyrannisiert, dann, als es einem sadistischen Metzger weg- und einem arbeitsscheuen Strolch zuläuft, von diesem verstoßen. Zuletzt wird der jungen Frau von denen, die an ihrem Elend schuld sind, gnädig verziehen, und sie wird, völlig gebrochen, vom Metzger in das neue Elend einer ehrbaren Ehe abgeschleppt. Ihr Kind mit dem gewissenlosen Leichtfuß ist inzwischen von dessen bigotter Großmutter umgebracht worden.

Horváths Bezeichnung »Volksstück« ist eigentlich Etikettenschwindel. Es enttäuscht die Erwartungen der Zuschauer oder Leser, denn es entlarvt hinter der gemütlichen Fassade aus Phrasen und Familiensinn eine verlogene Welt mit bösartigen und brutalen Figuren, die hehre Ziele vorgeben, sich aber aggressiv und egoistisch verhalten: Eine tödliche Idylle. Und das Schlimme: Die Menschen ändern sich nicht, sie sind am Schluss genau so schlecht wie am Anfang.

Das Stück war nicht nur damals aktuell, seine Kritik an der Heuchelei und Verlogenheit der Gesellschaft ist auch heute zeitgemäß. Unter der Oberfläche anständiger Bürger schlummern oft genug Unmenschlichkeit und kriminelle Energie, und starre Rollenzuweisungen können den Einzelnen zerbrechen.

2. Inhalt

Erster Teil

I. Draußen in der Wachau (7–13)

Exposition

Die ersten beiden Bilder stellen eine Art Exposition dar und geben Auskunft über die Personen und ihre Beziehungen.

Der Gelegenheitsarbeiter Alfred unterhält sich mit seiner Mutter. Sie bedauert, dass er nicht öfter zu Besuch kommt, und fragt nach seiner beruflichen Tätigkeit. Er sagt ihr, dass er nicht mehr bei einer Bank beschäftigt sei, sondern sich selbstständig machen wolle.

Sein Freund Hierlinger kommt mit Valerie, Alfreds älterer Freundin. Die Mutter bietet den Gästen eine Führung auf den Turm der Burgruine an, die sie und die Großmutter verwalten. Hierlinger geht mit, während Valerie unter vier Augen Alfred vorwirft, sie bei den Pferdewetten, die er mit ihrem Geld abschließt, zu betrügen. Die Großmutter bittet Alfred am Ende, ihr das von ihr geliehene Geld zurückzugeben.

II. Stille Straße im achten Bezirk (13–23)

In diesem kleinbürgerlich-verträumt scheinenden Bild wird in einer ausführlichen Bühnenanweisung der zweite wichtige Schauplatz vorgestellt. In der abgelegenen Straße gliedern drei Geschäfte das Bild: die Fleischhauerei des Metzgers Oskar, die Puppenklinik des sogenannten Zauberkönigs und der Tabakladen von Alfreds Freundin Valerie. Um diese Personen herum gruppieren sich Oskars Gehilfe Havlitschek, ein pensionierter Rittmeister, sowie Marianne, die Tochter des Zauberkönigs, die von nun an immer mehr in das Zentrum des Geschehens rückt. Am Ende des Bildes macht sie Bekanntschaft mit Alfred.

Die Fleischhauerei

Havlitschek ärgert sich über Ida, ein kleines Mädchen, dem seine Blutwurst nicht geschmeckt hat, und wird erst wieder milder gestimmt, als der Rittmeister die Qualität der Wurst überschwänglich lobt. Oskar zieht sich zur Totenmesse für seine Mutter um, die vor einem Jahr gestorben ist.

Die Tabak-Trafik

Der Rittmeister geht zu Valeries Tabak-Trafik, sieht dort die Lotto-Ziehungsliste ein und stellt fest, dass er wieder nichts gewonnen hat. Er erinnert sich wehmütig an den Krieg, der seiner Meinung nach zu früh geendet hat.

Die Puppenklinik

Der Schauplatz wechselt zur Puppenklinik. Marianne, die Tochter des Zauberkönigs, wird von ihrem Vater wegen seiner Sockenhalter, die er nicht finden kann, angeschrien. Er hat sie offensichtlich verlegt, macht aber dafür seine Tochter verantwortlich, die sie schließlich findet. Der Zauberkönig beruhigt sich und macht sich mit Oskar, der sich nach dem Trauerjahr mit Marianne verloben will, auf zur Totenmesse. Das zuvor geführte Gespräch zwischen Oskar und Marianne zeigt aber, dass sie ihn nicht liebt.

Marianne arrangiert im Schaufenster die Auslagen und wird dort vom vorbeikommenden Alfred gesehen. Sie ist auf Anhieb von ihm fasziniert, und auch er findet Gefallen an ihr, sodass seine Freundin Valerie ihm eine Eifersuchtsszene macht. Er lässt sich dies nicht gefallen und nimmt ihren Vorschlag an, sich zu trennen. Ihr geliehenes Geld gibt er ihr zurück, sie sieht ihm schimpfend nach.

III. Am nächsten Sonntag im Wiener Wald (23–36)

Die beiden recht umfangreichen Bilder drei und vier spielen am gleichen Ort, auf einer Lichtung des Wiener Waldes am Ufer der Donau, wo sich die bekannte Gesellschaft außer Alfreds Mutter und Großmutter und einschließlich entfernter Verwandter und des deutschen Studenten Erich zu einem Picknick und zum Baden versammelt. Das entscheidende Ereignis im dritten Bild ist die offizielle Verkündigung von Mariannes Verlobung mit Oskar durch den Zauberkönig.

Das Picknick

Zu Beginn fotografiert Oskar die gesamte Gesellschaft, die sich dann in einzelne Gesprächsgruppen aufteilt. Alfred unterhält sich mit der leicht alkoholisierten Valerie, die ihm übelnimmt, dass er trotz der Trennung von ihr mitgekommen ist. Sie bekundet Interesse an Erich, der sich im Gespräch mit Valerie, Alfred und Marianne als Literatur- und Musikkenner aufspielt und rassistische Äußerungen macht.

Marianne und Alfred kommen sich im Gespräch näher, und sie schüttet ihm ihr Herz aus. Sie wollte »rhythmische Gymnastik« studieren, aber ihr Vater verhinderte es, weil er gegen die Berufstätigkeit der Frau ist. In ihren Äußerungen wird deutlich, dass sie Oskar nicht liebt. Dann verkündigt der Zauberkönig als Höhepunkt des Festes pathetisch die Verlobung seiner Tochter mit Oskar. Musik und Gesang heben die Stimmung, Pfänderspiele sorgen für Abwechslung, und Oskar tut Marianne sehr weh, als er an ihr brutal seine Jiu-Jitsu-Griffe demonstriert.

Die Verlobung

Anschließend geht die Gesellschaft schwimmen. Der Badespaß wird von Annäherungen, erotischen Anspielungen und geschmacklosen Äußerungen begleitet. Valerie legt sich wieder mit Alfred an und beschimpft ihn grob. Der Zauberkönig beobachtet sie beim Ausziehen und nähert sich ihr, was ihr offensichtlich gefällt. Er wird zudringlich, wird aber durch den Studenten Erich gestört, der Schießübungen macht. Der Zauberkönig geht schwimmen, während Valerie dem Studenten ein Zimmer anbietet, nachdem er seine Vorliebe für ältere Frauen geäußert hat.

IV. An der schönen blauen Donau (36–43)

Der Schauplatz wechselt nicht, allerdings ist es später geworden. Im Mittelpunkt der relativ kurzen Szene stehen die Annäherung Alfreds an Marianne und ihre Absage an eine Heirat mit Oskar, was die Entlobung bedeutet.

Marianne verliebt sich in Alfred und sagt ihm, dass sie Oskar nicht mehr heiraten will. Er gibt vor, die Verlobung aus moralischen Gründen nicht zerstören zu wollen.

Das Gespräch wird durch den plötzlich erscheinenden Zauberkönig unterbrochen. Er erkennt sofort, was geschehen ist, will die Auflösung der Verlobung verhindern und fordert Alfred auf, über das Geschehen zu schweigen. Als Alfred dies verspricht, empört sich Marianne und wirft dem neu dazugekommenen Oskar den Verlobungsring ins Gesicht. Ihr Vater verstößt sie in Anwesenheit der übrigen Gesellschaft, als er von Alfreds Mittellosigkeit erfährt. Oskar gibt vor, sie trotz der Entlobung weiter zu lieben. Alfred entschuldigt sich bei Marianne umständlich für sein zögerliches Verhalten, und sie bleibt euphorisch zurück.

Die Entlobung

Zweiter Teil

I. Wieder in der stillen Straße (42–44)

Das erste Bild des zweiten Teils erinnert an das zweite Bild des ersten Teils. Inzwischen ist ein Jahr vergangen. Oskars Gehilfe Havlitschek flirtet mit dem Mädchen Emma. Ihr tut Oskar leid, der immer noch Marianne nachtrauert. Havlitschek hat kein Verständnis für dieses Verhalten. Er empfiehlt deshalb seinem Chef, sich das Geschehen nicht zu Herzen gehen zu lassen. Er meint, die Frauen seien alle austauschbar und man dürfe sie nicht schonend behandeln. Oskar teilt diese Ansicht in Bezug auf Marianne nicht.

Havlitscheks Ansichten

II. Möbliertes Zimmer im achtzehnten Bezirk (44–47)

Alfreds und Mariannes Misere wird vorgeführt. Sie hausen mit ihrem Kind in einem engen, schlicht eingerichteten Zimmer und machen sich gegenseitig Vorwürfe. Er hat erfolglos als Kosmetik-Vertreter gearbeitet und nimmt ihr übel, dass sie ihm die Pferdewetten verleidet. Das Kind könne nicht länger in dem engen Zimmer leben und sei bei seiner Mutter in der Wachau besser aufgehoben. Marianne geht auf diesen Vorschlag ein.

Das Bild zeigt, wie sich die Beziehung zwischen beiden verschlechtert hat. Zuerst macht er sie – wie früher ihr Vater – dafür verantwortlich, dass er seine Sockenhalter nicht findet. Dann beschimpft er sie und wirft ihr Dummheit vor. Sie erinnert ihn

Beziehungskrise

an ihre Begegnungsszene vor einem Jahr und klagt über ihr Alleinsein. Es wird deutlich, dass die Beziehung der beiden keine Zukunft hat.

III. Kleines Café im zweiten Bezirk (48–52)

Alfred und sein Freund Hierlinger treffen sich im Café und spielen Billard. Der Freund hat kein Verständnis dafür, dass Alfred eine feste Beziehung zu Marianne hat und sogar noch Vater geworden ist. Alfred begründet sein Verhalten mit anfänglicher Leidenschaft, die jetzt in Mitleid übergegangen sei. Er habe das Kind nicht gewollt, aber die gegen Mariannes Willen durchgeführte Abtreibung habe nicht zum Erfolg geführt.

Beruf für Marianne

Marianne erscheint, und Hierlinger gibt Alfred den Rat, sie berufstätig werden und Geld verdienen zu lassen. Dies sei der beste Weg, die Beziehung zu lösen. Da Marianne ohne Berufsausbildung sei und nur an rhythmischer Gymnastik Interesse habe, wolle er sich bei einer Bekannten, die »Ballette« veranstaltete, für sie einsetzen.

IV. Bei der Baronin mit den internationalen Verbindungen (52–55)

Die Vorstellung

Marianne stellt sich bei der von Alfreds Freund genannten Baronin vor. Hierlinger begleitet sie. Die blinde Schwester der Baronin liest ihr aus der Hand und prophezeit ihr viel Freude an ihrem Kind. Die Baronin begutachtet Marianne, weiß von deren Interesse an rhythmischer Gymnastik, will sie in eine

Tanzgruppe einstellen und fordert sie auf, ein Heimatlied zu singen, was Marianne widerstrebend tut.

V. Draußen in der Wachau (56–59)

Mariannes »Lied von der Wachau« leitet zur nächsten Szene über, die bei Alfreds Familie spielt. Seine Mutter und besonders die bösartige Großmutter üben Druck auf ihn aus, Marianne zu verlassen. Die Großmutter streitet mit Alfred, spricht schlecht über sie und das Kind, das die Frauen in Pflege haben. Sie will ihrem Enkel neues Geld nur leihen, wenn er Marianne verlässt, und schlägt ihm vor, er solle nach Frankreich reisen, um Abstand von Marianne zu gewinnen und sich nach lukrativen Möglichkeiten umzusehen.

Druck auf Alfred

VI. Und wieder in der stillen Straße im achten Bezirk (59–65)

Das Geschehen des Bildes knüpft an das der ersten Straßenszene an: Der Rittmeister lobt Oskars Wurst und sieht bei Valerie die Ziehungsliste ein, und eine Kundin, die vor einem Jahr noch von Marianne bedient wurde, wird vom Zauberkönig unfreundlich abgewiesen. Erich verlässt Valerie, will zur Universität und verspricht, seine Schulden bei ihr zu bezahlen.

Er kehrt jedoch zurück und fängt mit dem Rittmeister ein verletzendes Streitgespräch über das Thema Ehre an. Diesen bezichtigt er der kollektiven Feigheit im Ersten Weltkrieg, während der Rittmeister ihm vorwirft, sich von Valerie aushalten zu lassen. Das Gespräch zwischen dem Preußen und dem Österreicher eskaliert, und Erich verlässt die Bühne.

Gespräche über Marianne

Der zweite Teil des Bildes besteht aus Gesprächen Alfreds mit Valerie und Oskar. Alfred ist deprimiert, hat Mitleid mit sich selbst und deutet an, Marianne verlassen zu wollen. Dann gibt er vor, sich in Frankreich eine Stelle suchen zu wollen, die seinen Fähigkeiten entspreche. Valerie antwortet ihm ironisch, ist aber von seiner Lebenstüchtigkeit beeindruckt. Oskar hat dem Gespräch zugehört und behauptet, Marianne immer noch zu lieben. Ihr Kind würde jedoch eine Heirat verhindern. Das Bild endet mit der Wiederaufnahme eines bekannten Motivs aus dem ersten Bild des Zweiten Teils (43 f.): Oskar will die »Sau« (65) jetzt selbst schlachten.

VII. Im Stephansdom (65–67)

Der Handlungsort des Schlussbildes fällt aus dem Rahmen. Die ratlose Marianne beichtet in der Kirche, was sie getan hat: den Kummer, den sie ihrem Vater bereitet hat, die Untreue Oskar gegenüber, das ungesetzliche Zusammenleben mit Alfred, den Versuch der Abtreibung und die Geburt des unehelichen Kindes. Sie bereut den Abtreibungsversuch und, nach einigem Zögern, das Zusammenleben mit Alfred.

Mariannes Verzweiflung

Aber sie bekennt sich zu ihrem Kind und ist glücklich mit ihm. Daraufhin verweigert ihr der Beichtvater die Absolution. Verzweifelt wendet sie sich an Gott.

Dritter Teil

I. Beim Heurigen (68–84)

Der dritte Teil beginnt mit einer gespenstischen Heurigenszene. Die Gesellschaft ist weinseliger Stimmung, der Zauberkönig, Erich und Valerie betrinken sich und verhalten sich unkontrolliert. Der Zauberkönig wird bei einer Frau zudringlich, fällt betrunken in Stumpfsinn und flirtet mit Valerie. Erich tritt wieder nationalistisch und militärisch auf, gerät mit Valerie in Streit und verlässt die Gesellschaft.

Der Rittmeister bringt einen Freund österreichischer Herkunft mit, der in Amerika reich geworden ist, den schon betrunkenen »Mister«. Er sagt Valerie, dass er mit dem Verhalten des Zauberkönigs gegenüber seiner Tochter nicht einverstanden sei.

Als es zu regnen beginnt, wechselt die Gruppe auf Einladung des Misters und Anregung des Rittmeisters in den Nachtklub »Maxim«. Die Gäste und besonders Rittmeister und Zauberkönig amüsieren sich mit den Barmädchen, während sich der Mister mit Valerie unterhält. Überraschender Höhepunkt des Programms ist das Nachstellen von Bildern auf der Bühne durch eine Gruppe nackter Mädchen. Die mittlerweile betrunkene Valerie erkennt plötzlich unter den Mädchen die nackte Marianne, sie schreit hysterisch und bewirkt eine Unterbrechung der Vorstellung.

Mariannes Auftritt

Es stellt sich heraus, dass der Rittmeister gewusst hat, dass Marianne im Varieté nackt auftritt. Er habe dem Zauberkönig die Situation seiner Tochter aufzeigen und ihn zu einer Versöhnung mit ihr bewegen wollen. Aber dieser bleibt hart und unversöhnlich, als Marianne zu ihm kommt und ihm ihre verzweifelte Situation schildert. Er bemitleidet sich selbst, bevor er fortwankt.

Marianne gerät in eine gefährliche Situation. Der Mister hält sie für eine Prostituierte und will ihre Dienste erkaufen. Er gibt ihr seine Brieftasche und behauptet dann, als sie sein Ansinnen ablehnt, sie habe ihm Geld daraus gestohlen. Er schlägt sie und ruft die Polizei.

II. Draußen in der Wachau (85–87)

Die herrschsüchtige Großmutter beschimpft Alfred, weil er das Geld, das sie ihm zum Aufbau einer Existenz in Frankreich gegeben hat, auf der Rennbahn verspielt hat, und sagt ihm, er werde noch im Zuchthaus enden.

Misshandlung des Kindes

Alfred verteidigt Marianne und räumt eine gewisse Mitschuld an ihrem Schicksal ein, was die Großmutter in äußerste Wut versetzt. Seine Mutter ist besorgt über den Zustand von Mariannes Kind und sagt der Großmutter, sie habe gesehen, wie diese das Bett des kleinen Leopold absichtlich in den Durchzug gestellt habe, um ihn zu töten.

III. Und abermals in der stillen Straße im achten Bezirk (87–98)

Das Thema Versöhnung beherrscht die Szene. Wenig hat sich am Schauplatz verändert. Der Rittmeister studiert die Ziehungsliste und spricht mit Valerie über sein schlechtes Gewissen bezüglich der Ereignisse im »Maxim«. Er sei bei seinem Versöhnungsversuch wohl etwas taktlos vorgegangen. Mehr als Marianne tut Valerie allerdings der Zauberkönig leid, der ein gebrochener Mann sei.

Versöhnungen

Erich und Valerie wollen sich in aller Freundschaft trennen. In einem Gespräch mit Oskar verspricht Alfred, auf Marianne zu verzichten. Sie sei nur ein Abenteuer für ihn gewesen, er habe nicht die Lösung der Verlobung bewirken wollen. Oskar zeigt Verständnis für Alfreds Situation und verspricht seinerseits, ihn wieder mit Valerie auszusöhnen. Diese versucht, den Zauberkönig mit seiner Tochter zu versöhnen. Zuerst sperrt er sich, wird aber nachdenklich, als Valerie ihn darauf hinweist, dass nur mit Marianne sein Geschäft wieder aufwärts gehen werde.

Als Oskar Valerie wieder mit Alfred zusammenbringen will, weist sie Alfred zunächst ab, demütigt und beschimpft ihn. Dann aber lässt sie sich durch sein reuevolles Verhalten und sein Selbstmitleid umstimmen und ist sogar bereit, ihm wieder Geld für seine geliebten Pferdewetten zu geben.

Marianne erscheint, und es gelingt Valerie, sie mit Oskar auszusöhnen. Er ist bereit ihr zu verzeihen und würde sie heiraten, trotz allem, was geschehen ist. Das Kind akzeptiert er jedoch nicht. Valerie erreicht, dass Marianne sich widerwillig auch mit Alfred versöhnt. Sie kann ihre Erniedrigung durch ihn nicht vergessen. Nur wegen ihres Kindes geht sie zu ihrem Vater, um sich zu versöhnen.

IV. Draußen in der Wachau (98–103)

Die Schlussszene spielt wieder da, wo alles angefangen hat. Mariannes Kind ist gestorben. Die Großmutter und die Mutter beschimpfen sich und streiten darüber, wer die Schuld an seinem Tod trage und wer Marianne benachrichtigen solle. Schließlich diktiert die Großmutter gerade der Mutter den Brief, als Marianne mit dem Zauberkönig, mit

Valerie, Oskar und Alfred kommt, um ihnen das Kind zu zeigen.

Die Katastrophe

Nachdem Marianne den Brief der Großmutter gelesen hat, verliert sie vollkommen die Beherrschung, stürzt sich auf die alte Frau und will sie mit der Zither erschlagen. Von Oskar wird sie aber grob daran gehindert. Der Zauberkönig befürchtet für sich einen erneuten Schlaganfall. Valerie trauert um das Kind, und Alfred beklagt sein Schicksal, kinderlos zu sein.

Die völlig verzweifelte Marianne sagt sich von dem grausamen Gott los, der ihr das Kind genommen hat. Oskar erinnert sie an die Unerforschlichkeit des göttlichen Handelns und will sie damit trösten, dass er sein Heiratsversprechen erfüllen will. Sie lässt sich von ihm abführen.

3. Personen

Konstellation

Horváths Personen sind Typen, die er auch in anderen Stücken einsetzt und die bestimmte Verhaltensweisen demonstrieren. Mit Ausnahme von Marianne verändern sie sich nicht. Sie sind festgelegt und haben etwas Marionettenhaftes an sich. Ihr Sprachgebrauch entlarvt sie als deformiert und auf unterschiedliche Weise dumm.

Die Personen gehören verschiedenen Gruppen des Kleinbürgertums an und stammen aus unvollständigen, defekten Familien: Die Frau des Zauberkönigs und Oskars Mutter sind gestorben, ebenfalls Alfreds Vater, Valerie ist Witwe, über familiäre Bindungen der anderen Personen ist nichts bekannt. Ersatz für familiäre Geborgenheit bietet die Nachbarschaft.

Familien und Nachbarn

Das Stück kann als Dreiecksspiel zwischen Marianne, Oskar und Alfred gesehen werden. Entsprechend der räumlichen Trennung lassen sich die Personen zwei Gruppen zuordnen. Die wichtigsten Personen gehören in den Bereich der »Stillen Straße«: die Hauptpersonen Zauberkönig, Marianne, Oskar und auch Valerie; die Nebenpersonen Havlitschek, der Rittmeister, der Mister, Erich, die Baronin und auch der Beichtvater. Zum Bereich »Wachau« lassen sich Großmutter und Mutter Alfreds zählen. Der Hierlinger Ferdinand und besonders Alfred gehören beiden Bereichen an. Zur allgemeinen »Versöhnung« am Ende des Stückes finden die beiden Personengruppen zusammen.

Personenkonstellation

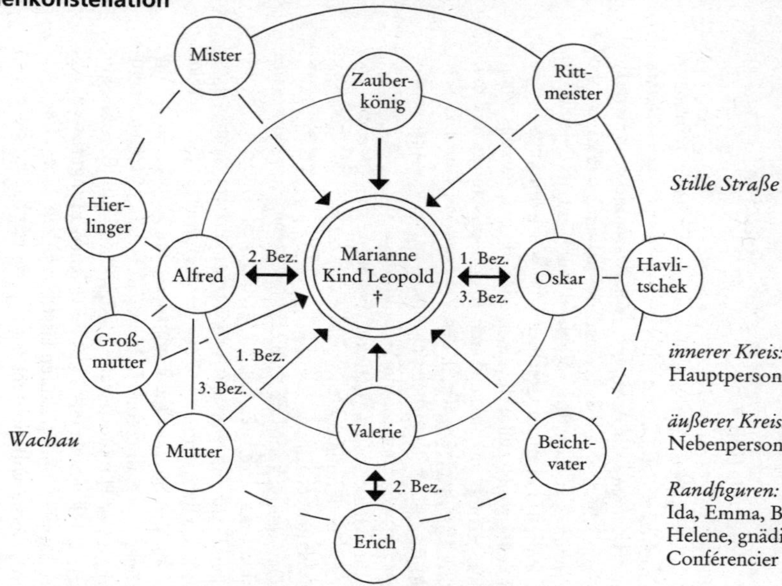

innerer Kreis:
Hauptpersonen

äußerer Kreis:
Nebenpersonen

Randfiguren:
Ida, Emma, Baronin,
Helene, gnädige Frau,
Conférencier

Unvollständige Familien, gestörte Beziehungen – Nachbarschaft als Ersatz

Die Hauptfiguren

Marianne – die gescheiterte Rebellin

Eigentlich wollte Marianne »rhythmische Gymnastik studieren« (26), einen beliebten Beruf für Frauen zur Zeit Horváths, aber ihr Vater verhindert dies. Deshalb darf sie »nichts lernen« und wird von ihm »nur für die Ehe erzogen« (82). Das bedeutet Unmündigkeit, Unterdrückung ihrer Wünsche und bewusste Behinderung der Entfaltung ihrer Persönlichkeit.

Marianne als Ware

Ihre Erziehung ist eine Voraussetzung dafür, dass sie auf die schiefe Bahn gerät. Als »ungelernte Frau« (82) muss sie es sich gefallen lassen, wie eine Ware behandelt zu werden. Sie steht nicht nur zum Verkauf bei der ihr vom Vater zugedachten Ehe mit Oskar, sondern auch symbolisch bei der ersten Begegnung mit Alfred in der »Auslage« des väterlichen Ladens (vgl. 21). Alfred will sie wie eine unbrauchbare Ware wieder loswerden. Auf den Rat des Freundes hin, »eine Geliebte mit Beruf« unterhöhle »auf die Dauer […] jede Liebesverbindung, sogar die Ehe« (51) – eine ironische Umkehrung der Ansichten des Zauberkönigs, im Ergebnis aber ihre Bestätigung – vermittelt er sie an die kupplerische Baronin. Diese betrachtet sie wie eine Ware »von allen Seiten« (54) und setzt sie dann als Nackttänzerin in ihrem Vergnügungsklub ein, wo sie sie für einen Hungerlohn ihren Körper als Ware verkaufen lässt.

Wunsch nach Emanzipation

Marianne will sich emanzipieren und die alte Rollenfestlegung durchbrechen. Die Möglichkeit dazu scheint ihr Alfred zu bieten. Sie fügt sich nicht in den väterlichen Plan einer Heirat mit Oskar und will sich nicht länger »tyrannisieren« lassen (40). Ihre Lösung der Verlobung bedeutet einen Verstoß gegen die wirtschaftlichen Interessen ihres Vaters. Zur Strafe hilft er ihr nicht in der Not.

Mariannes Kind

Das Kind ist das Symbol von Mariannes Versuch der Selbstverwirklichung angesichts der Einengung ihrer Möglichkeiten. Dass sie es nach ihrem Vater Leopold nennt, ist ein Zeichen ihrer Vaterbindung. Aus finanziellen Gründen bittet sie ihn um Verzeihung, vor allem wegen ihres Sohnes. So kommentiert sie ihren Gang zur Versöhnung bitter, es sei ihr »scheißwurscht – und das, was ich da tu, tu ich nur wegen dem kleinen Leopold, der doch nichts dafür kann« (98).

Mit diesem Kind will Marianne der Gesellschaft trotzen: Alfred will es nicht und nötigt Marianne zur – missglückten – Abtreibung. Der Beichtvater fordert Reue über den unehelichen Sohn, der Zauberkönig distanziert sich, und Oskar sieht in dem Kind einen Hinderungsgrund für die Heirat. Erst mit der Beseitigung des Kindes ist Mariannes Emanzipationsversuch vollständig gescheitert.

Mariannes Glaube

Mariannes Glaube an Gott ist anfangs ein rein formales Bekenntnis (vgl. 20). Er scheint sich zu realisieren, als sie aus Alfred gewissermaßen einen Gottgesandten macht, der sie aus ihrem Elend erlösen kann (vgl. 40). Als sich dieser unreflektierte Schicksalsglaube als falsch erweist, flüchtet sie sich in eine fatalistische Sentenz über die Knoten des Schicksals (vgl. 47). In der Domszene hat sie einen starken Moment der Auflehnung, als der Beichtvater sie zwingen will zu bereuen, dass sie ihr Kind unehelich empfing (vgl. 66 f.).

Dennoch erhofft sie sich Hilfe von Gott (vgl. 67). Erst

nach dem Tod ihres Kindes hadert sie mit ihm (vgl. 102), wendet sich endgültig von ihm ab und lässt das Unvermeidliche über sich ergehen: »Jetzt kann ich nicht mehr« (103).

Ehe und Gesellschaft

Marianne steht beispielhaft für die Frau in der alten kleinbürgerlichen Gesellschaft, die vergeblich versucht, einen neuen Weg zu gehen. Sie hat am Ende gelernt, dass sie in dieser Gesellschaft nur bestehen kann, wenn sie sich mit einem Mann einlässt. Sie muss erkennen, dass es ohne Ehe kein Auskommen gibt. Der Verlust des Mannes bedeutet den Verlust des Ernährers. Der Hierlinger Ferdinand beschreibt diesen Zusammenhang zwischen Beruf und Liebesbeziehung bzw. Ehe: Die Berufstätigkeit der Frau bedeutet den Zerfall der Bindung, ohne eine adäquate Alternative zu bieten, weil dazu andere soziale und ökonomische Strukturen notwendig wären.

Nachdem Alfred sie verlassen hat, muss sie die anerkannten Werte der Gesellschaft umgehen und wird Nackt-Tänzerin, was für den Mister gleichbedeutend mit Hure ist. »Auf den Strich gehen« kann sie nicht (82), aber die Ehe ist für sie eine Art legalisierter Strich.

Mariannes Scheitern

Marianne ist nicht in der Lage, ihre Situation zu durchschauen. Sie scheitert objektiv, weil in der kleinbürgerlichen Gesellschaft für selbstständige Frauen kein Platz ist. Subjektiv scheitert sie daran, dass der Mann, den sie liebt, sie verlässt, und dass sie einen Mann heiratet, der sie mit seinem Verhalten quält. Sie ist das Opfer, die »einzige positive Figur des Stücks, und diese zerbricht« (Mennemeier, S. 35).

Der Zauberkönig – der brave Bürger?

Der Zauberkönig ist der »echte Bürger vom alten Schlag« (77) für Valerie, die das Bild des Volltrunkenen retten will. Er sieht sich als bildungsbewusster, jovialer und unabhängiger Bürger und zieht sein Selbstgefühl aus dem Bewusstsein, geschäftlich »konkurrenzlos« zu sein, weil er ein »Spezialgeschäft« habe (92).

Wirtschaftlich schwierige Situation

Aber er erkennt die Hoffnungslosigkeit seiner wirtschaftlich »elend[en]« Lage (18). Dienstpersonal kann er sich nicht leisten und ist auf die Arbeitskraft seiner Tochter angewiesen, die er möglichst gewinnbringend einsetzen will. Deshalb soll sie zur Rettung des Geschäfts Oskar mit seinem gut gehenden Fleischerladen heiraten (vgl. 43). Er hätte wohl auch Alfred akzeptiert, wenn dieser Geld gehabt hätte (vgl. 40).

Dass er die geplante Ehe als eine Art Handelsvertrag sieht, verrät er, als er zu Alfred sagt, die Verlobung dürfe »nicht platzen, auch aus moralischen Gründen nicht!« (42). Mariannes Ausbruch aus der Verbindung mit Oskar bedeutet für ihn eine Bedrohung seiner wirtschaftlichen Situation. Deshalb reagiert er aggressiv und verfällt in Selbstmitleid, als seine Tochter ihm Vorwürfe macht, dass sie keinen Beruf erlernen durfte (vgl. 82). Als sie sich von ihm abwendet, sieht er sein Geschäft ruiniert und reagiert völlig überzogen. Sogar der Rittmeister kann sein unmenschliches Verhalten gegenüber seiner in Not geratenen Tochter nicht verstehen und meint, der Zauberkönig sei »kein Mensch« (80).

Marianne als ökonomischer Faktor

Seine Versöhnungsbereitschaft am Schluss resultiert weniger aus Einsicht in eigene Fehler oder aus Mitleid, sondern eher aus seiner Hoffnung, mithilfe Mariannes wirtschaftlich wieder auf die Beine zu kommen (vgl. 93). Er hat sein schlecht gehendes Geschäft nicht im Griff. Eine »gnädige Frau« (17) will beispielsweise für ihren Sohn Zinnsoldaten kaufen, die Marianne bestellt. Als die Dame ein Jahr später wiederkommt, ist der Zauberkönig nicht bereit, die Soldaten nachzubestellen und verliert die Kundin (vgl. 59 f.).

Patriarch

Er sieht sich als patriarchalisches Familienoberhaupt, das über Tochter und Geschäft uneingeschränkt herrschen kann. Er ist wie auch die anderen Personen in der Überzeugung befangen, dass der Mann der Ernährer der Familie und die Frau ein besserer Dienstbote sei. Beispiel für die Lächerlichkeit seiner Tyrannei ist die Sockenhalterszene, in der er seine Tochter ungerecht behandelt (vgl. 17–19). Oskar rät er zu gleichem autoritären Verhalten (vgl. 21).

Vermeintliche Bildung

Der Zauberkönig will seine wirtschaftlich schlechte Situation durch Bildung kompensieren. Deshalb verwendet er häufig Zitate lateinischer und deutscher Klassiker, oft unpassend. So ergänzt er die Mahnung an Oskar, autoritär gegenüber Frauen aufzutreten, mit der lateinischen Formel: »Ave caesar, morituri te salutant!« (21) Sie hat einen wahren Kern, wirkt aber in diesem Zusammenhang komisch.

Nach außen ist er verbindlich, auf Solidität und Wohlanständigkeit bedacht. Bei dem Ausflug setzt er sich als freundliches Familienoberhaupt in Szene (vgl. 23 f.). Er trifft sich mit Freunden zum Heurigen und scheint – wenn auch mit Verspätung und auf Druck Valeries – seine Rolle als »Großpapa« (92; 100) anzunehmen.

Moral als Fassade

Hinter seiner Fassade aus Moral und Wohlanständigkeit stecken Anarchie und Unmoral. Er hält eine Rede auf das verlobte Paar und gedenkt seiner verstorbenen Frau. Wenig später sitzt er im Gebüsch und beobachtet Valerie beim Ausziehen. Als er an ihrem Korsett riecht, beklagt er ihr gegenüber die Verdorbenheit einer Zeit »ohne sittliche Grundsätze« (33). Das hindert ihn nicht daran, sich kurz darauf über sie zu werfen und sie zu küssen. Er ist zwar moralisch empört über Mariannes Nackt-Auftritt, aber er sucht beim Heurigen Kontakt zu zwielichtigen Mädchen (vgl. 76), greift einer Frau »auf die Brüste« (69), freut sich im ›Maxim‹ über nackte Frauen (vgl. 78) und säuft sich besinnungslos.

Nur einmal wird er von Valerie »Leopold« genannt (93), sonst nennen ihn die Personen immer mit dem Namen seines kleinen Ladens. Diese Bezeichnung lässt an Kinderwelt und Märchen denken, aber Horváth sieht hinter die Fassade: Der Mann beherrscht den ›faulen Zauber‹ der Ideologie seiner sozialen Schicht. Ökonomische Bedeutungslosigkeit kompensiert er durch eine Ideologie der moralischen Überlegenheit.

Der Zauberkönig repräsentiert den Gegensatz von öffentlich gewahrtem Schein und privatem Sein, das durch Egoismus und Triebhaftigkeit bestimmt wird. Dieser Gegensatz ist strukturbildend für das gesamte Stück. In seiner Person werden »die Widersprüche des alten Mittelstands am deutlichsten aufgezeigt« (Erken, S. 147).

Oskar – der sadistische Kleinbürger

Wie der Zauberkönig steht auch sein potenzieller Schwiegersohn Oskar für das traditionelle Kleinbürgertum. Ihm geht es allerdings wirtschaftlich gut. Der Zauberkönig stellt fest, die Fleischhauerei sei »immer noch solid« (33), denn: »Rauchen und Fressen werden die Leut immer – aber zaubern?« (33)

Oskars Erscheinung

Oskar erscheint zuerst als reinlicher Mensch mit weißer Schürze auf der Bühne. Es weist auf die unappetitliche, dunkle, brutale Seite seines Wesens hin, dass er seine Fingernägel öffentlich reinigt (vgl. 14). Sein Lächeln und nicht die bedrohliche Erscheinung Havlitscheks bewirkt, dass das Mädchen Ida wegrennt, weil es ihm »unheimlich« wird (14). Dieses wiederholte Lächeln ist Ausdruck sadistischer Scheinheiligkeit (vgl. Hell, S. 97), die das Mädchen fühlt. Oskars verdeckte Brutalität ist offenbar bedrohlicher als Havlitscheks offen zu Schau gestellter Sadismus.

Marianne nimmt wegen ihrer Erziehung Oskar anfangs hin, aber sie liebt ihn nicht. Er glaubt, sie zu lieben, und fühlt sich »glücklich« (20), aber er flüchtet sich in Kitsch. So greift er nach der Verlobungsansprache des Zauberkönigs zur Laute und singt ein sentimentales Lied, statt sich seiner Verlobten zuzuwenden.

Sadistische Züge

Sein sadistischer Charakterzug wird deutlich, als er von Marianne einen Kuss will, sie aber beißt (22). Ähnlich brutal verhält er sich bei der Verlobungsfeier im Wiener Wald: Ausgerechnet an seiner Braut demonstriert er Jiu-Jitsu-Griffe, die ihr wehtun. Die Verbindung von Zärtlichkeit und Brutalität kehrt am Ende wieder, als Oskar die hilflos zurückgekehrte Marianne küsst und in die Ehe abführt (vgl. 103).

Brutal ist auch sein Wunsch, ihr »mal in die Hirnschale« hineinsehen zu können, um »nach[zu]kontrollieren«, was sie denkt (20), ein Ausdruck krankhafter Kontrollsucht. In seiner Äußerung »ich werde dich auch noch weiter lieben, du entgehst mir nicht« (40), verbinden sich Liebesversprechen und Drohrede. Die groteske Verbindung der gegensätzlichen Begriffe lässt an eine Beute denken, die im Netz zappelt (vgl. Kim, S. 153). In seiner Freude über die bevorstehende Beute gewinnt er wieder Spaß am Abstechen der »Sau« (vgl. 67) – eine »klassische Aggressionsableitung« (Wapnewski, S. 134).

Liebe als Androhung

Oskars sadistischer Trieb, anderen Leid zuzufügen, wird in seiner Einstellung Mariannes Kind gegenüber deutlich. Für ihn ist es ein Hindernis zur Wiederaufnahme seiner Beziehung zu ihr (vgl. 64, 97) und damit zur endgültigen Inbesitznahme seines Eigentums. Er wünscht sich den Tod des kleinen Leopold herbei (vgl. 64), allerdings hinter der Fassade eines guten Christen, der es »ernst« meint »mit den christlichen Grundsätzen« (20). Später kaschiert er seinen Rachedurst biblisch und verlagert ihn auf einen strafenden Gott, der den, den er liebt, »züchtigt«, und zwar »auf glühendem Rost, in kochendem Blei« (64). Ähnliches sagt er am Schluss der verzweifelten und gebrochenen Marianne (vgl. 102). Sein Sadismus ist das Ergebnis kleinbürgerlicher Sexualverdrängung, die sich in brutalen Neigungen kompensiert.

Christliche Fassade

Alfred – der gewissenlose Charmeur

Alfred ist der einzige Sohn einer schwachen Mutter und Enkel einer herrschsüchtigen Großmutter, die das Geld und somit das Sagen hat. Der Arbeitsscheue hat keine feste Arbeit und kein Geld, weil sich, wie er sagt, die »Arbeit im alten Sinne« nicht mehr »rentiert« (8). Er war Bankbeamter, hat diese Tätigkeit mangels »Entfaltungsmöglichkeiten« (8) aufgegeben und sich mit »Finanzierungsgeschäfte[n]« (10) selbstständig gemacht.

Finanziell prekäre Situation

Ab und zu gewinnt oder verliert er Geld mit Pferdewetten, bezeichnet sich stolz als »Rennplatzkapazität« (12) und ist von zwei Geldgebern abhängig: von seiner Großmutter und Valerie. Seine Großmutter will ihm nur unter der Bedingung erneut Geld leihen, dass er sich von Marianne trennt (vgl. 58). Ihren Vorschlag, wegen besserer Berufsmöglichkeiten nach Frankreich zu gehen, scheint er anzunehmen, verspielt jedoch zu ihrem Entsetzen das zu diesem Zweck von ihr geliehene Geld (vgl. 85).

Verhältnis mit Valerie

Mit der älteren Trafikantin Valerie hat er vor und nach seiner Affäre mit Marianne ein Verhältnis. Auf der Grundlage ›Geld gegen Sex‹ passen sie trotz des Altersunterschieds gut zusammen. Die sexuelle Abhängigkeit der alternden Frau nützt er schamlos aus. Sie lässt ihn bei sich wohnen und gibt ihm die Mittel für seine Pferdewetten, wobei er sie manchmal um ihren Gewinn betrügt (vgl. 11).

Nach seiner Trennung von Marianne erneuert er das Verhältnis. Seinen Wunsch nach Versöhnung begründet er scheinbar selbstkritisch, in Wahrheit aber heuchlerisch und wehleidig, er sei »ein schlechter Mensch« und brauche immer jemand, für den er sorgen müsse, weil er sonst »verkomm[en]« würde (95). Erneut lässt er sich von Valerie aushalten.

Positive Eigenschaften

Er ist eine vielschichtige Person und hat auch positive Eigenschaften. So verfügt er über gute Manieren, hat Charme, er fühlt mit Valerie, als sie in Gedanken an das Grab ihres toten Mannes trauert (vgl. 12), und bezahlt die Schulden, die er bei ihr hat, als sie sich trennen (vgl. 23). Als seine Großmutter Marianne übel beschimpft (vgl. 58), verteidigt er sie. Am Ende bekennt er sich »mitschuldig« an »ihrem Schicksal« (86), allerdings ohne Folgen.

Negative Eigenschaften

Aber Alfreds negative Verhaltensweisen überwiegen. Er ist arbeits- und bindungsscheu, hat kein Verantwortungsgefühl, will lediglich eine Affäre mit Marianne und wird nur unfreiwillig zu ihrem – vermeintlichen – Befreier. Als sie ihm an der Donau ihre Liebe gesteht, umarmt er sie »mit großer Gebärde« (37). Auf ihre Frage, ob er ihre Liebe erwidere, antwortet der gewissenlose Charmeur: »Das hab ich im Gefühl« (37). Er will von ihr aber »vernünftig« (38) geliebt werden, das heißt, er will mit ihr schlafen, ohne eine dauerhafte Beziehung einzugehen. Deshalb solle sie nicht unüberlegt handeln, weil er dafür keine Verantwortung übernehmen könne (vgl. 38).

Bindungsscheu

Marianne ignoriert in ihrem Gefühlsrausch nicht nur diese versteckte Warnung, sie lässt sich auch durch seinen Hinweis, er habe »kein Geld«, nicht davon abbringen, ihn als Befreier zu sehen. Vergeblich kaschiert er seine Angst vor der Bindung damit, er habe nicht das »moralische Recht«, eine Verlobung zu zerstören (38).

Als er merkt, dass Marianne seine Ausflüchte als moralische Rücksichtnahme eines »feine[n] Mensch[en]« (38) ansieht, greift er zu stärkeren Argumenten und schwafelt, dass nur sein »Verantwortungsgefühl die Verantwortung« (40) für seine zurückhaltende Reaktion trage. Aber gerade dadurch verstärkt er ihren Entschluss, eine Beziehung mit ihm einzugehen, aus der er nur mit der Hilfe seines Freundes Hierlinger wieder herauskommt. Marianne stellt erstaunt fest, dass er, wie die Wiederholung der Sockenhalter-Szene zeigt, dieselben Pascha-Allüren wie ihr Vater hat (vgl. 45 f.).

Durch die Auflösung ihrer Verlobung mit Oskar sieht Alfred keine andere Möglichkeit, als bei Marianne zu bleiben und die »Konsequenzen« zu tragen (39). Schlimm und folgenreich für sie ist, dass sie ihn nicht durchschaut. »Sie glaubt sich ihm nahe, während er nur taktiert, sie hält für Wahrheit, was schäbige Ausflüchte sind« (Kurzenberger, S. 20).

Folgen seines Verhaltens

Durch sein Verhalten richtet er Marianne und das Kind zugrunde, und seine Trauer über dessen Tod (vgl. 102) nimmt man ihm nicht ab. Am Ende versichert er Oskar, diesmal wahrheitsgemäß, er habe dessen »Verlobung wirklich nicht auseinanderbringen« wollen und habe lediglich eine »Liaison« gewollt (91).

»Modernste Figur des Stücks«

Alfred ist die »modernste Figur des Stücks« (Hobek, S. 64), weil er dem alten Mittelstand nicht mehr angehört wie die anderen Personen und dem neuem noch nicht. Er ist »eine parasitäre Existenz und eben deshalb interessiert am kapitalistischen Prinzip, dessen System aber nicht gewachsen« (Erken, S. 153).

Valerie – die nymphomane Versöhnerin

Im Gegensatz zu Marianne ist die etwa 50-jährige Trafikantin Valerie finanziell unabhängig. Deshalb wird sie sozial nicht vernichtet. Sie kann es sich leisten, wechselnde Liebhaber zu unterhalten. Alfred und Erich leisten ihr sexuelle Dienste gegen Bezahlung, und sie ist auch den sexuellen Interessen des Zauberkönigs gegenüber nicht abgeneigt. Sie weiß, dass sie sich die Männer kaufen muss, eine Art männlicher Prostitution. Weil sie unter Alter und Einsamkeit leidet, flüchtet sie sich in den Alkohol.

Verhältnis zu den Männern

Valerie ermöglicht Alfred, sein Schmarotzerleben zu führen. Sie lässt den Studenten Erich bei sich wohnen und versorgt ihn kostenlos mit Zigaretten (vgl. 90). Aber die Männer nutzen sie nur aus und lassen sie fallen, wenn sie sie nicht mehr brauchen. Erich demütigt und beschimpft sie, der Zauberkönig betrachtet sie am Donauufer ohne Scheu wie eine Ware.

Alfred verlässt sie wegen der deutlich jüngeren Marianne. Sie macht ihm die Rückkehr zwar nicht leicht, lässt ihn eine Zeit lang mit seinem Gerede ins Leere laufen und macht sich lustig über ihn (vgl. 95 f.), aber schließlich nimmt sie ihn unter den alten Bedingungen wieder auf.

Valerie ist aber die Einzige, die beim Auftritt der nackten Marianne mit Entsetzen und Mitleid reagiert (vgl. 79 f.). Sie will ihr durch die aufgenötigte Versöhnung mit ihrem Vater und mit Oskar helfen, wieder sozial Fuß zu fassen (vgl. 96–98). Aber gerade dadurch trägt sie zu Mariannes Gang in das Gefängnis ihrer Ehe bei.

Keine Emanzipation

Valerie kann sich mit Durchsetzungskraft und Charme

auf unkonventionelle Art in der Männerwelt behaupten. Sie hat die Normen der Männer verinnerlicht, ist aber nicht emanzipiert, sondern Gefangene der männlichen Klischees.

Die Nebenfiguren

Der Hierlinger Ferdinand – der gerissene Schlawiner

Alfreds Freund Ferdinand Hierlinger, vom Dienstboten der Baronin respektvoll-ironisch als der »gnädige Herr von Hierlinger« (52) angemeldet, hat es mit Schlauheit, Durchtriebenheit, guten Manieren und Liebenswürdigkeit wirtschaftlich dahin gebracht, wo Alfred hin will. Er ist noch gerissener und skrupelloser als dieser und wäre deshalb nicht in dessen Situation hinein geraten.

Gerissen und erfolgreich

Dass ihm die Baronin »sehr verpflichtet« (51) ist, zeigt, dass er an deren unsauberen Geschäften beteiligt ist. Er macht Alfred den entscheidenden Vorschlag, sich von Marianne dadurch zu trennen, dass er sie berufstätig werden lässt (vgl. 51), und scheut sich nicht, als Argument die Auffassung der Kirche zu bringen. Durch seine Vermittlung landet sie als Nacktdarstellerin im Nachtklub »Maxim«.

Der Hierlinger Ferdinand verkörpert die Hoffnung der Kleinbürger, durch skrupellose Assimilation an die Normen der Gesellschaft die eigene Position sichern zu können.

Havlitschek – der Sadist

Wie der Hierlinger Ferdinand eine Spiegelung Alfreds ist, so ist es Havlitschek in Bezug zu Oskar. Er ist allerdings offener und brutaler als er. Schon in seiner Erscheinung verdeutlicht sich dieser Unterschied: Oskar erscheint »mit weißer Schürze«, Havlitschek ist »ein Riese mit blutigen Händen und ebensolcher Schürze« (14). Er hat keine Manieren und »frisst« dauernd Wurst (vgl. 14, 19).

Der Proletarier

Er ist kein Kleinbürger wie Oskar und hat als Proletarier nicht das Problem, sich anders zu geben, als er eigentlich ist. Seine eigentlichen Gedanken versteckt er nicht, sondern spricht z. B. unverblümt aus, dass er die kleine Ida wie eine »Sau« abstechen will, weil sie seine Wurst kritisiert.

In Bezug auf Frauen unterscheidet er sich ebenfalls von Oskar. Für ihn sind sie weder »Rätsel« noch »Sphinx«, die man romantisch verehren muss, sondern Objekte zur sexuellen Befriedigung der Männer. Sie haben »keine Seele«, sind nur »äußerliches Fleisch« (44).

Der Rittmeister – der Kavalier alter Schule?

Der pensionierte Rittmeister verkörpert das Klischee vom österreichischen Offizier und steht für den verblichenen Glanz der vergangenen Kaiserlichen und Königlichen Monarchie Österreich-Ungarn. Er hat gute Umgangsformen und ist manchmal überhöflich, wenn er z. B. Oskars Blutwurst überschwänglich lobt (vgl. 14, 59). Von Würde hält er nichts, sondern taucht beim Heurigen »mit einem Papierhütchen« auf dem Kopf auf (70). Für ihn hat der Krieg zu früh geendet, weil er anderenfalls nicht sozial deklassiert, sondern befördert worden wäre (vgl. 16) und sich nicht mit einer mageren Pension begnügen müsste. So sieht er sich als Verlierer, der immer Lotto spielt, wohl, weil er finanzielle Probleme hat, aber nie gewinnt.

Ausgedienter Offizier

Der Rittmeister tritt aber auch selbstbewusst auf. So reagiert er schlagfertig und ironisch, als ihn der Student Erich einen feigen Österreicher nennt. Er beschimpft ihn als »Grünschnabel«, der sich »von alten Trafikantinnen aushalten« lässt, entschuldigt sich aber bei Valerie sofort (vgl. 61).

Der Rittmeister ist erotischen Freuden nicht abgeneigt. Deshalb weiß er, dass Marianne im »Maxim« auftritt. Auf seine Anregung hin geht die Heurigen-Gesellschaft dorthin und entdeckt sie. Er entschuldigt sich für diesen Eklat: Er habe die »menschliche Pflicht« gehabt, Marianne mit ihrem Vater zu versöhnen (80). An seiner lauteren Absicht kann man zweifeln, da er den Besuch des Maxim damit begründet, es gebe dort »sehr pikante« Überraschungen (74).

Eklat

Der Mister – der Wien-Ideologe

Der Freund des Rittmeisters kehrt nach zwanzig Jahren Aufenthalt in den USA – weswegen er »Mister« genannt wird (70) – in seine Geburtsstadt Wien zurück. Er ist der »Wien-Ideologe des Stücks« (Erken, S. 155). Beim Heurigen ist er betrunken und zitiert sentimental alte Wienklischees: »das alte biedere treue goldene Wiener Herz, das ewige Wien – und die Wachau – und die Burgen an der blauen Donau« (72).

Ein ganz anderes Gesicht zeigt der Mister im Nachtlokal.

Verbindlichkeit und Brutalität

Er hat sexuelle Probleme und kann »nur mehr mit den Prostituierten was anfangen« (77). Hinter seiner verbindlichen Oberfläche verbirgt sich Brutalität: Er boxt Valerie in die Brust, als sie über Mariannes Auftritt entsetzt ist (vgl. 79). Vor allem aber trägt er Mitschuld an Mariannes Unglück: Er will mit ihr schlafen. Als sie nicht darauf eingeht, beschuldigt er sie, ihn bestohlen zu haben, bezeichnet sie als »blöde Hur«, schlägt sie und lässt sie als Diebin verhaften und einsperren (vgl. 84).

Erich – der deutsche Nationalist

Erich ist der einzige Nicht-Österreicher unter den Personen. Er kommt aus Kassel, also aus dem Deutschen Reich, ist ein Neffe des Zauberkönigs und studiert Jura. Er will aus dem Kleinbürgertum heraus, will Karriere machen und Syndikus in der Industrie werden.

Von vornherein ist er durch sein Verhalten und die Art seines Umgangs mit den anderen Personen eine unsympathische Figur. Er will mit Bildungsphrasen der Gesellschaft imponieren und gibt sich als Kenner der Literatur und der Musik aus (vgl. 25 f.).

Zielstrebig nistet er sich bei der Nymphomanin Valerie ein. Sie gibt ihm ein möbliertes Zimmer und Zigaretten gegen Liebesdienste (vgl. 36). Beim Heurigen beleidigt er sie (vgl. 71) und beschimpft sie unflätig (vgl. 90), als sie nach ihrer Trennung weggeht. Er beleidigt auch den Rittmeister (vgl. 61).

Politisches Element

Mit der Figur des Erich bringt Horváth ein politisches Element in sein Stück ein. Rassistisches Denken verrät Erichs politischen

Standort (vgl. 29). Als die Gesellschaft beim Heurigen ausgelassener Stimmung ist, gefällt er sich in seinem militärischen Auftreten (vgl. 71). Erich bedauert, für den Waffendienst im Ersten Weltkrieg noch zu jung gewesen zu sein. Im Gespräch mit Valerie wünscht er Oskar und Marianne »viele brave deutsche Kinder« (29) und will über diesen Punkt nicht spaßen lassen. Valeries Frage: »Ja glaubens denn, daß ich die Juden mag?« weist jedoch auf den latenten Antisemitismus jener Gesellschaft hin.

Mit Erich bringt Horváth eine Gestalt auf die Bühne, deren alltägliche Lebenspraxis vom faschistischen Denken geprägt ist. In seiner Person porträtiert der Autor das Kleinbürgertum, das zum Steigbügelhalter Hitlers wurde.

Großmutter und Mutter – Ungeheuer und Opfer

Alfreds Vater ist zehn Jahre zuvor gestorben. Seine Mutter und Großmutter führen in der Wachau ein kärgliches Leben. Kommunikation findet vorwiegend durch Streit, beleidigende Gesten und wüste Beschimpfungen statt. Ausdruck des meist aggressiven Gemütszustandes der Großmutter ist ihr Zitherspiel. Weil sie Geld hat, übernimmt sie Rolle des Familienoberhauptes. Die herrschsuchtige Art der Großmutter und ihr Umgang mit Tochter und Alfred ist durchaus mit der Tyrannei der Männer vergleichbar. Damit fällt sie völlig aus dem Rahmen der Horváth'schen Frauengestalten heraus.

Matriarchat

Die Großmutter liebt ihren Enkel, leiht ihm aber nur unter der harten Bedingung erneut Geld, dass er Marianne verlässt. Meist reagiert sie völlig unkontrolliert und wird fast immer ausfallend. Vollends die Fassung verliert sie, als Alfred eine gewisse Mitschuld an Mariannes Schicksal zugibt (vgl. 86). Als er ihr das geliehene Geld nicht zurückgeben kann, beschimpft sie ihn, kneift ihn und »weint vor Wut« (57).

Schwäche

Ihre Tochter, Alfreds Mutter, ist eine hilflose, schwache Frau, ihr Opfer. Anzuerkennen ist, dass sie den kleinen Leopold aufnimmt und sich um ihn kümmert, obwohl auch sie gegen die Verbindung ist. Sie wird mitschuldig am Tod des Kindes, weil sie den Mord aus Angst nicht verhindert.

Die Großmutter ist auf eine gewisse Fassade von Wohlanständigkeit bedacht und gibt vor, der »Segen von oben« (99) sei für eine Verbindung wichtig. Deshalb hasst sie Marianne und ihren »Bankert« (57), den sie zu Tode bringt.

Heuchelei

Höhepunkte der Heuchelei der Mörderin sind einmal, dass sie abstreitet, am Tod des Kindes schuld zu sein (vgl. 99), und dann der Brief, den sie der Mutter diktiert, um Marianne den Tod ihres Kindes mitzuteilen. Sie beschönigt den Mord als Schicksalsschlag und bemüht Gott den Allmächtigen, der es so gewollt habe, weil er »die unschuldigen Kinder« liebe (100). Sie steht »in der Pervertierung menschlicher Gefühle Oskars Sadismus in nicht nach« (Fritz, S. 181).

Die Großmutter ist neben Havlitschek die Einzige, die sich keiner Maske bedient, sondern sich nicht scheut, unverstellt ihr abstoßendes Verhalten zu zeigen. Bei ihr geht es Horváth »nicht um Demaskierung des Bösen, sondern um die Entlarvung des Versuchs, eine kriminelle Tat auch vor dem eigenen Bewusstsein als gottgewollt zu tarnen« (Hobek, S. 54).

4. Werkaufbau

Das Stück besteht aus drei Teilen, die das kleinbürgerliche Leben der Personen und die Deformation Mariannes darstellen. Diese Teile sind in einzelne Bilder untergliedert und mit den jeweiligen Handlungsorten überschrieben. Horváth vermeidet die Bezeichnungen Akte und Szenen, weil er sich vom klassischen Drama abgrenzen will.

Gliederung

Der erste und der dritte Teil sind etwa gleich lang, umfassen jeweils vier relativ lange Bilder, während der zweite Teil sieben kürzere Bilder enthält. Dem Stück vorangestellt ist eine Art Motto, ein Leitsatz, der sich mit der Dummheit befasst und das Geschehen erklären und kommentieren will.

Die Vorgänge sind auf einen Zeitraum von etwa zwei Jahren verteilt. Endet der erste Teil des Stücks damit, dass Marianne Alfred gewinnt, so zeigt der zweite Teil, wie sie ihn wieder verliert. Das Geschehen im zweiten Teil spielt ein Jahr nach der Begegnung der beiden (vgl. 46).

Zeitverhältnisse

Die im dritten Teil dargestellten Vorgänge spielen sich im Herbst des gleichen Jahres und im kommenden Frühjahr ab. Im Gegensatz zur Handlung der ersten beiden Bilder, die einige Tage oder wenige Wochen dauert, zieht sie sich jetzt über ein halbes Jahr hin. Gezeigt wird, wie sich Marianne nach dem Tod ihres Kindes wieder mit Oskar verbindet.

Für das gesamte Stück gilt das Prinzip der »rahmenden Entsprechung« (Wapnewski, S. 125): Das erste und das letzte Bild spielen »Draußen in der Wachau«, das Gesche-

Ringkomposition

hen hat sich im Kreis gedreht. Man kann von einer Rondotechnik sprechen. Diese Kreisbewegung zeigt sich in der Wiederkehr der Jahreszeiten: Das Stück beginnt und endet im Frühjahr.

Die Kreisstruktur des Stückes durch die Wiederkehr des Gleichen wird durch die Regieanweisungen verstärkt, und zwar bis in die Wortwahl hinein. So wird in der ersten und in der letzten Anweisung von einem »Klingen und Singen« (7, 103) in Walzerseligkeit gesprochen. Auch Elemente des Geschehens wiederholen sich zum Teil und verstärken den Eindruck der Kreisbewegung: der mehrfach die Ziehungsliste lesende Rittmeister, die Sockenhalter, der fressende Havlitschek, die Qualität der Blutwurst, der böse lächelnde Oskar, das Abstechen der Sau, das Zitherspiel der mörderischen Großmutter und besonders das ständige dilettantische Klavierspiel der imaginären Realschülerin, das das ganze Geschehen in eine Atmosphäre des Unvollkommenen und Trivialen hüllt.

Wiederholte Elemente

Alles ist am Ende, wie es war, eine Entwicklung hat nicht stattgefunden, die Menschen haben nichts dazugelernt. Eine Regieanweisung lautet resigniert: »Es scheint überhaupt alles beim alten geblieben zu sein […]« (87). Aber unter der Oberfläche wird sichtbar, wie das Menschliche immer mehr zerstört wird, dass Wohlanständigkeit nur Fassade ist und Marianne durch die Gesellschaft deformiert wird.

Die 15 Bilder aus dem kleinbürgerlichen Leben spielen insgesamt an neun Handlungsorten. Mehrere relativ kurze Bilder besonders im zweiten Teil erinnern an Filmszenen und bewirken eine Atmosphäre der Unruhe und Bedrohung. »Wachau« und

Handlungsorte

»Stille Straße« sind viermal Ort des Geschehens. Diese beiden Lokalitäten stellen die eigentliche Bühne der Handlung dar, und zu ihnen gehört jeweils Personal: zur »Wachau« Mutter und Großmutter Alfreds, zur »Stillen Straße« die übrigen handelnden Personen. Alfred und auch Hierlinger pendeln zwischen den beiden Bereichen hin und her und verklammern sie durch ihre Person.

Beide Räume laufen nicht nur parallel, sondern nehmen aufeinander Bezug. Die Gemütlichkeit der »Stillen Straße« mit ihren Geschäften ist nur äußerlicher Art, ebenso wie die romantische Natur der »Wachau«. Man kann von einer »Fassadenarchitektur« Horváths sprechen (Haag, 1983, S. 141).

Aufbau

Teil/Bild		Ort	Situation/Geschehen	Bedeutung f. Marianne	Zeit
I	[1]	Wachau	Abhängigkeit Alfreds v. Valerie	Marianne *verlässt Oskar* und entscheidet sich für Alfred	*Frühsommer* einige Tage
	(2)	*Stille Straße*	Begegnung Marianne – Alfred		
	3	Wiener Wald	Verlobung Marianne – Oskar		
	4	Donau	Entlobung, Bruch mit Vater		
II	(1)	*Stille Straße*	Oskars Trauer um Marianne	Marianne *verliert Alfred* durch ihre Berufstätigkeit	*Frühsommer* ein Jahr später einige Tage
	2	Zimmer	Auseinanderleben von A. u. M.		
	3	Café	Plan e. Berufstätigkeit für M.		
	4	Salon d. Baronin	Verschaffen e. Engagements		
	[5]	Wachau	Druck auf A., M. zu verlassen		
	(6)	*Stille Straße*	Streitigkeiten der Bewohner		
	7	Stephansdom	Verzweiflung Mariannes		
III	1	Beim Heurigen	M.s Auftritt, keine Versöhnung	Tod des Kindes. Marianne verbindet sich weiter mit Oskar	*Herbst und nächstes Frühjahr* ein halbes Jahr
	[2]	Wachau	Mordvorhaben d. Großm. f. Kind		
	(3)	*Stille Straße*	Versöhnungen		
	[4]	Wachau	Tod d. Kindes, M. und Oskar		

Karusselartige Kombination von Bildern aus dem kleinbürgerlichen Leben zur Demonstation der Deformierung eines Menschen

5. Wort- und Sacherläuterungen

Ausführliche Wort- und Sacherläuterungen finden sich in der Reclam-Ausgabe der *Geschichten aus dem Wiener Wald*, Stuttgart 2009, S. 183–214, sowie in Christine Schmidjells »Erläuterungen und Dokumente« zu Ödön von Horváth, *Geschichten aus dem Wiener Wald*, Stuttgart 2000, 2009, S. 5–74. Vorliegende Hinweise gehen deshalb nur auf die wichtigsten Begriffe ein und lehnen sich an diese Erläuterungen an.

3 **Wiener Wald:** eigtl. Wienerwald. Waldiges Hügelland westlich und südwestlich von Wien. Wichtiges Ausflugsziel der Wiener.

6,1 **Wachau:** landschaftlich reizvolle Donau-Talstrecke in Niederösterreich zwischen dem Kloster Melk und Krems.

7,23 **Krise und Wirbel:** Anspielung auf die instabile innenpolitische Situation Österreichs Ende der Zwanziger Jahre nach der Weltwirtschaftskrise 1929.

8,35 **Höll auf Erden:** Redewendung, geht zurück auf das biblische Buch der Weisheit, 1,14.

11,13 **Saint-Cloud:** Vorort von Paris mit Pferderennbahn.

12,16 **Kanzleiobersekretärswitwe […] Ministerialdirigent:** Witwe eines mittleren Beamten – höherer Beamter, Leiter einer Abteilung in einem Ministerium.

12,27 **Maisons-Laffitte:** Stadt im Nordwesten von Paris mit Pferderennbahn.

13,24 **Stille Straße im achten Bezirk:** Gemeint ist wahrscheinlich die »Lange Gasse« in der Josefstadt, in der Horváth 1919 bei seinem Onkel wohnte.

13,27f. **Puppenklinik:** eigentlich Werkstatt eines Restaurators von Puppen, hier: Spielwarengeschäft.

14,28 f. **Zusammenbruch:** Ende der österreichisch-ungarischen Monarchie 1918. Ausrufung der Republik Österreich.

15,9 **alten Monarchie herumtransferiert worden:** in der alten Donaumonarchie mehrfach versetzt worden.

16,29 **wenn der Krieg** [...]: Geschichtsfälschung. Anspielung auf die »Dolchstoßlegende«, wonach die Niederlage Deutschlands und Österreichs durch die Novemberrevolution 1918 zustande gekommen sein soll.

17,23 f. **Difficile est** [...]: (lat.) »Schwer ist es, (über diese Zustände) keine Satire zu schreiben« (Juvenal).

20,35 **ich möchte dir mal die Hirnschale herunter:** Anspielung auf einen ähnlichen Satz Dantons in Georg Büchners (1813–37) Drama *Dantons Tod* (I,1).

21,19 **Benehmität:** pseudofranzösisch für: Benehmen.

21,27 **Ave Caesar** [...]: »Sei gegrüßt Kaiser, die Todgeweihten grüßen dich!« Gruß der antiken Gladiatoren an den Kaiser bei ihrem Einzug in die Arena.

23,11 **Le Tremblay:** Stadt nördlich von Paris, die durch ihren Pferdesport bekannt ist.

23,26 **maßen:** (altertümlich) weil.

24,20 **Also das ist der Chimborasso:** (österr., veraltet) Das ist doch der Gipfel! Chimborasso: der höchste Berg der Kordilleren in Ecuador (6310 m).

25,11 **Schwippschwager:** (ugs.) Bezeichnung für die Eltern des Schwiegerkindes oder die Geschwister des Schwagers oder der Schwägerin.

25,28 **Wie eiskalt ist dies Händchen:** Arie aus Puccinis (1858–1924) Oper *La Bohème*.

26,1 **Brüder Karamasow:** Roman des russischen Dichters Dostojewski (1821–81).

26,4 f. **rhythmische Gymnastik:** Durch die sportliche Betätigung eroberten sich die Frauen dieser Zeit einen neuen Bewegungsspielraum.

26,7f. **Papa sagt immer** […]: August Bebel (1840–1913) stellte die These auf, dass es keine Befreiung der Menschheit ohne die finanzielle Unabhängigkeit der Geschlechter geben könne.

27,10f. **geplauscht:** (österr.) geplaudert.

27,15 **buddhistische Religionsphilosophie:** Religion, die auf die Lehren von Siddhartha Gautama (5. Jh. v. Chr.) zurückgeht. Ziel ist Befreiung vom ewigen Kreislauf des Leidens durch ethisch korrektes Verhalten.

28,22ff. **Die Liebe ist ein Edelstein** […]: Gedicht von Georg Herwegh (1817–75).

28,33 **Hochzeitsmarsch:** aus der Musik zu Shakespeares *Sommernachtstraum* von Felix Mendelssohn Bartholdy (1809–47).

29,6 **Neger:** Indiz für sozialdarwinistisch begründeten Rassismus.

29,9f. **Rassenproblem:** Anspielung auf die nationalsozialistische Rassenideologie.

31,18 **geselchter Aff:** (Wienerisch) Schimpfwort. Geselcht (österr., bayr.): geräuchert.

31,24 **Walzer »An der schönen blauen Donau«:** von Johann Strauß Sohn (1825–99). Gilt als inoffizielle Hymne Österreichs.

34,4 **Der sterbende Schwan:** Anspielung auf den Solotanz *Der sterbende Schwan* (1905) nach der Musik von Camille Saint-Saens (1835–1921), mit dem die russische Tänzerin Anna Pawlowa (1882–1931) weltberühmt wurde.

34,35 **akademischen Wehrverbandes:** Wehrverbände waren in dieser Zeit kleinere Studentengruppen, die deutschvölkische Ideologie verbreiteten.

35,8 **molestiere:** veraltet für: belästige (frz. molester).
35,10 **Jus:** (österr.) Studium der Rechtswissenschaften.
35,13 **Syndikus:** Rechtsberater in der Privatwirtschaft.
39,31 **Badhur:** Die mittelalterlichen Badstuben dienten oft als Bordell, deshalb hatten die darin tätigen Bademägde einen schlechten Ruf.
39,34 **Krach in die Melon:** (veraltet) Ausdruck der Empörung.
44,15 **Das Weib ist ein Rätsel:** Der Satz stammt aus Friedrich Nietzsches (1844–1900) *Also sprach Zarathustra*.
45,20 **verschleiß:** (österr.) verkaufe.
47,6 **Über uns webt das Schicksal Knoten:** Anspielung auf die drei Parzen aus der griechischen Mythologie, die den Lebensfaden des Menschen spinnen und abschneiden.
48,2 **im zweiten Bezirk:** bis 1938 bevorzugter Lebensraum der jüdischen Bevölkerung Wiens, Naherholungsgebiet.
48,12 **Queue:** (frz.) Billardstock.
48,18 **Cherchez la femme** (frz.) Suchen Sie die Frau! Das scheinbar unerklärliche Verhalten des Mannes ist oft nur durch den Einfluss einer Frau zu erklären.
48,22 ff. **Es gibt ein Märchen von Andersen** [...]: Hans Christian Andersen (1805–75), dänischer Schriftsteller: *Der unartige Knabe*.
48,27 **buserieren:** (österr.) drängen, nötigen. Von frz. pousser.
49,12 **stante pede:** (lat.) stehenden Fußes.
49,33 **Bosniaken:** Bewohner Bosniens.
50,30 **Hiob:** Figur des Alten Testaments. Er wurde vom Teufel auf die Probe gestellt, fiel aber trotz vieler Schicksalsschläge nicht von Gott ab und wurde dafür sehr alt.
51,6 **in ihrem Kampfe gegen die berufstätige Frau:** Nach einer Enzyklika des Papstes Pius XI. (1857–1939) soll die

Frau hauptsächlich in der Erfüllung ihrer hausfraulichen Aufgaben Befriedigung finden.

51,30 **den Schwarzen:** (österr.) Kaffee ohne Milch.

52,5 **der heilige Antonius** (von Padua): Franziskaner, Prediger (1195–1231). Padron u.a. der Ehe.

56,10 **unserer Kasern:** »Mietskaserne«, großes Haus mit zahlreichen gleichförmigen Wohneinheiten.

57,1 **Bankerten:** abwertend für: uneheliche Kinder.

57,24 f. **Haderlump:** (österr.) Taugenichts.

59,2 **nach Frankreich:** Frankreich erlebte trotz der Wirtschaftskrise einen wirtschaftlichen Aufschwung.

60,10 **Bams:** (Wienerisch) abwertend für Kleinkind.

61,15 **Sarajevo** […] **Bosnien-Herzegowina:** Bosnien und Herzegowina (Balkan) gelangten nach dem russisch-türkischen Krieg 1877/78 unter österreichisch-ungarische Verwaltung. Spannungen mit den serbischen Nationalisten führten am 28. 6. 1914 in Sarajevo zur Ermordung des österreichischen Thronfolgers Franz Ferdinand und seiner Frau: Auslöser für den Ersten Weltkrieg.

61,25 **Faux Pas** […] **Lapsus linguae:** (frz.) Fehltritt, Taktlosigkeit, (lat.) Sprechfehler.

61,31 ff. **Duell** […] **satisfaktionsfähig** […] **Ehrengericht:** Anlass zu einem Duell war meist eine Beleidigung oder Kränkung. Duelle konnten nur zwischen ebenbürtigen Personen ausgetragen werden, die satisfaktionsfähig waren. Ein Ehrengericht musste das Duell zulassen.

62,4 f. **Hohenzollern:** preußisch-deutsche Dynastie, der die deutschen Kaiser von 1871–1914 angehörten. **Habsburger:** österreichisch-europäische Herrscherdynastie, die Jahrhunderte lang über Österreich, Böhmen und Ungarn herrschte und viele Kaiser des Heiligen Römischen Reiches bis zu dessen Auflösung 1806 stellte.

63,28 f. **wer unter euch** […]: Zitat nach Joh. 8,7 im Neuen Testament: »Wer unter euch ohne Sünde ist, werfe den ersten Stein auf sie.«

64,17 **dischkuriert:** (österr., veraltet) mich unterhalten.

64,31 f. **Gottes Mühlen** […]: Zitat nach dem Anfang des ersten Verses des Sinngedichts *Göttliche Rache* von Friedrich von Logau (1604–55).

64,33 ff. **wen Gott liebt** […]: Zitat nach dem Alten Testament, Sprüche Salomos, 3,12 und Neues Testament, Hebr. 12,6.

64,34 f. **auf glühendem Rost, in kochendem Blei:** Todesart des heiligen Laurentius (gest. um 258) und einer Heiligen der Ostkirche.

67,28 **Bürgerschul:** niederer Schulzweig nach der Volksschule.

68,3 **Beim Heurigen:** Lokal, in dem der junge, d. h. der in diesem Jahr (heuer) gekelterte Wein ausgeschenkt wird.

68,24 **ferme Tanz:** volkstümliche Stampftänze.

68,27 **Mitn Schwomma:** (österr.) mit einem Rausch.

69,2 **Radetzkymarsch:** Militärmarsch von Johann Strauß Vater, nach dem berühmten österreichischen Feldmarschall Radetzky (1766–1858) benannt.

69,8 **Putten:** kleine Kinder- oder Engelfiguren, hier: Brüste.

69,19 **Waserl:** (österr.) harmloser, furchtsamer Mensch.

70,1 **Salamuccimann:** Verkäufer von aufgeschnittener Salami.

72,28 **goldene Wiener Herz:** klischeehafter Ausdruck für den leichten, gemütvollen Wiener Lebensstil.

74,1 **wana:** (österr.) weinen

74,8 **Schusterbuben regnen:** in Strömen regnen.

75,4 **drahn:** (österr.) feiern.

75,16 **Séparées:** abgetrennte Räume innerhalb eines Lokals.

75,28 **Was du ererbt** […]: Zitat aus Goethes (1749–1832) *Faust I* (V. 682).

76,34 **Du kannst mir** […] (österr.): Lass mich in Ruhe.

77,33 **Saturn:** Gilt als Ursache schlimmer Schicksalsschläge.

78,5 **lebendigen Aktplastiken:** meist klassischen Gemälden nachgestellte Gruppen nackter Frauen.

78,29 f. **Die Jagd nach dem Glück:** Wahrscheinlich Bezug auf ein Gemälde von Rudolf Henneberg (1825–76).

86,26 **Doppeladlermarsch:** Der Doppeladler war seit 1806 das Wahrzeichen des österreichischen Kaisertums.

86,33 **Gott gibt** […]: Bibelzitat nach dem Alten Testament, Buch Hiob, 1,21.

88,8 **eingekastelt:** (österr.) eingesperrt.

92,20 **Was sich da nur die Tschechen** […]: Widerstand besonders der Tschechoslowakei gegen eine von Österreich geplante Zollunion mit Deutschland.

92,35 **Schlagerl:** (österr.) Schlaganfall.

94,10 **Gang nach Canossa:** übertragen: Demütigung, Erniedrigung, Bußgang.

97,15 **Nur wer sich wandelt:** Zitat nach Friedrich Nietzsche aus seiner Abhandlung *Jenseits von Gut und Böse*.

97,17 ff. **Denn so lang du dies nicht hast** […]: Zitat aus Goethes Gedicht *Selige Sehnsucht*.

97,32 **Frage des Planeten:** Anspielung auf die Astrologie.

102,30 **Gott ist die Liebe:** Zitat nach dem Neuen Testament, 1. Joh. 4,16.

6. Interpretation

Ein »Volksstück« gegen das Volksstück

Das traditionelle Volksstück

Horváth bezeichnet sein Theaterstück im Untertitel als »Volksstück in drei Teilen«. Unter einem Volksstück traditioneller Art versteht man ein Bühnenstück, das für städtische Volkstheater und für Vorstadtbühnen gedacht war. Seine Merkmale sind eine schlichte und leicht verständliche Handlung aus dem Leben der Menschen einer niederen sozialen Schicht in einer dialektgefärbten Sprache, Einlagen von Musik und Gesang, sentimentale Elemente und derbe Späße, die dem Geschmack des einfachen Großstadtpublikums entsprechen. Zugrunde liegt eine harmonische Weltordnung.

Die Handlung in Horváths Stück scheint genau dem trivialen Schema herkömmlicher Volksstücke zu entsprechen: Ein Paar wird getrennt und findet nach einigen Wirren in einem Happy End endlich wieder zueinander. Außer Anklängen an den Wiener Dialekt übernimmt Horváth die drastische Ausdrucksweise vom alten Volksstück mit seiner oft derben und an sexuellen Anspielungen reichen Sprache.

Veränderungen bei Horváth

Gravierend dagegen sind Veränderungen des politischen und sozialen Kontextes. Horváths Stücke spielen nicht mehr in einer geordneten bürgerlichen Welt, sondern in den letzten Jahren der Weimarer Republik, in den Jahren der Wirtschaftskrise, in denen die Welt auf den Faschismus zusteuert. Die veränderte Situation bedeutet ein Ende der Walzerseligkeit und der Heurigen-Stimmung.

Hauptsächlich geht es Horváth um Entlarvung oder »Demaskierung des Bewußtseins« (zit. nach: Krischke, 1970, S. 52), und zwar des Bewusstseins der Kleinbürger, einer gesellschaftlichen Gruppe, der er annähernd gleichartige Bewusstseinsinhalte unterstellt. Er will aufzeigen, dass sich hinter der Fassade der Gutmütigkeit und der Freundlichkeit der handelnden Personen Bosheit und Gehässigkeit verbergen. Abgründe des Niederen und Gemeinen öffnen sich hinter dem Alltäglichen und Banalen, Menschlichkeit wird als Unmenschlichkeit entlarvt, Herzlichkeit ist eigentlich Rohheit, Selbstlosigkeit ist Selbstsucht, und hinter Hilfsbereitschaft verbirgt sich oft krasser Egoismus. Der versöhnliche Schluss des alten Volksstücks, in dem das getrennte Paar sich wieder findet, bedeutet bei Horváth das Martyrium der Ehe für Marianne.

Entlarvung der Kleinbürger

So höhlt er das traditionelle Volksstück aus und schreibt ein »kritisches Volksstück« (Buck, S. 395), ein »Anti-Volksstück« (Mennemeier, S. 27), ein »Wiener Volksstück gegen das Wiener Volksstück« (Erich Kästner, zit. nach: Schmidjell, S. 86). Er »zitiert die alte Form, destruiert aber die von dieser transportierte Ideologie« (Bartsch, S. 88).

Neue Form des Volksstücks

Horváth setzt die dem Zuschauer mehr oder weniger bekannten Elemente wie Feste, Feiern, Trennung, Musik, idyllische Schauplätze auf ironische und kritische Weise ein. Sie werden als Kontrastfolie zitiert, um dann demontiert zu werden. Die Erwartung des Zuschauers wird zuerst erfüllt, dann aber zerstört. Diese Spannung wird zu einem Konstruktionsprinzip der Stücke Horváths.

Weil er die historisch überholten Erwartungen des Publikums enttäuschen will, löst er die alte dramatische Form ab durch eine mehr schildernde, also epische Form, bei der die Lösung ausbleibt. Als »dramatischer Chronist« versucht er die »neue Form des Volksstücks zu finden«, wie er selbst schreibt (zit. nach: Krischke, 1970, S. 46).

Das Motto: Dummheit als Lebensform

Erläuterung des Begriffs

Als eine Art Verständnishilfe stellt Horváth dem Stück ein – wohl auch parodistisch zu verstehendes – Motto voran: «Nichts gibt so sehr das Gefühl der Unendlichkeit als wie die Dummheit« (6). Die Dummheit ist für Horváth das »Instrument des Bewußtseins, mit dessen Hilfe es sich allen Kalamitäten, unbequemen Konflikten und harten Selbsterkenntnisprozessen zu entziehen versucht und das Gefühl der Unendlichkeit, d.h. der euphorischen Selbstbestätigung, Macht, Freiheit und ungetrübter Gewißheit, im Recht zu sein, sich erschleicht. Dummheit ist willentliche Ignoranz, bewußtes Ignorieren von Fakten« (Emrich, S. 187).

Es findet also keine Änderung des Bewusstseins unter dem Eindruck der Erfahrungen statt. Die Personen sind ohne Einsicht in das Böse, Schäbige und Lächerliche ihres Tuns. Sie können oder wollen ihre Handlungen nicht kontrollieren, haben keine Kraft zum Abstand von sich und ihrem Tun.

Dummheit bei Männern und Frauen

Für Männer und Frauen hat Dummheit unterschiedliche Bedeutung. Unreflektierte, »dumme« Aussagen von Männern über die Berufstätigkeit der Frau fallen auf (vgl. 26; 51). Marianne sagt zu Alfred, sie sei froh, dass er »nicht dumm« sei. Sie sei von »lauter dummen Menschen umgeben«, und auch ihr Vater sei »kein Kirchenlicht« (37). Sie drückt damit die Hoffnung aus, dass ihr Geliebter ein Mensch sei, der trotz einer feindlichen Umwelt mit einengenden Konventionen in der Lage ist, ihre Träume und Wünsche zu teilen.

Wenn Alfred entgegnet: »Du denkst zuviel« (37), so meint er nicht ihre intellektuellen Fähigkeiten, sondern will, dass sie eigenes Denken und Fühlen lassen und nur mit ihm schlafen soll. Er dagegen will »vernünftig« lieben (38) und fragt Marianne, ob sie dies auch tue, das heißt ohne Anspruch auf eine dauerhafte Bindung, aber auf gesicherter materieller Grundlage. Liebe als Gefühlsqualität ist für Alfred »dumm«, unvernünftig. Deshalb beschimpft er Marianne grob und gibt vor, ihre »Dummheit« zu hassen (vgl. 47). Damit meint er ihre Weigerung, ihr Kind in die Wachau zu geben.

Mariannes »Dummheit«

Marianne erweist sich als »dumm« im Sinn von naiv, unreflektiert, nicht vorausschauend: Sie sieht Alfred als ihren Befreier und nicht als ihren Verführer. Seine wahre Absicht erkennt sie nicht, weil sie meint, zum ersten Mal in ihrem Leben einen Mann gefunden zu haben, der sie versteht. Sie glaubt an eine glückliche Fügung ihres Schicksals und betrachtet ihn als ihren vom Himmel geschickten »Schutzengel« (vgl. 39f.). Alfreds Absicht sieht sie nicht: »Die Dummheit des Argen und die Dummheit der Arglosen verbinden sich« (Wapnewski, S. 124). Im Versöhnungsreigen am Schluss bleibt Marianne ›die Dumme‹, weil sie im Gegensatz zu allen anderen verloren hat.

Durch Dummheit wird der Erlebnis- und Erwartungshorizont des Menschen auf das Augenblickliche und die im Vorurteil verfügbare Erfahrung reduziert. Sie ignoriert einengende Realität und Vernunft und vermittelt so das Gefühl der Unendlichkeit. In diesem Gefühl scheitern die Menschen an der endlichen Realität.

Moral und Wertvorstellungen

Ziel der sittlichen Normen der (klein-)bürgerlichen Gesellschaft ist für Horváth die Erhaltung der Ehe und der Familie mit der Rollenverteilung, dass der Mann das Geld verdient und die Frau Haushalt und Kinder versorgt (vgl. Hollmann, S. 223 ff.) Daraus resultiert die herausgehobene Stellung des Mannes und die untergeordnete der Frau.
Horváth führt in seinem Stück drei Vertreter einer von der Kirche geprägten Moral vor: den Beichtvater, die Großmutter und Oskar. Sie haben die gleichen gesellschaftlichen Normen verinnerlicht. Äußerlich zur Schau getragene Religiosität und entsprechendes Empfinden stehen bei ihnen in krassem Gegensatz zur Unbarmherzigkeit Marianne gegenüber, die die kirchlichen Normen außer Acht lässt.

Der Beichtvater

Marianne sucht in ihrer Verzweiflung beim Beichtvater als dem autorisierten Vertreter der Kirche Trost und Rat. Er wirft ihr vier Verfehlungen vor: Unbotmäßigkeit gegenüber ihrem »armen alten Vater«, Zusammenleben mit Alfred ohne Trauschein, Empfängnis und Geburt des unehelichen Kindes und ihre Weigerung, das Kind taufen zu lassen (65 f.).

Der Beichtvater stellt keine Fragen nach dem Verhalten oder den Versäumnissen von Mariannes Vater. Er unterstellt entsprechend der herrschenden Ideologie, dass Eltern ihre

Kinder lieben und immer nur das Beste für sie wollen. Er fragt auch nicht nach den Motiven des Zusammenlebens und des vorehelichen Geschlechtsverkehrs, sondern wertet ihn als reine »Fleischeslust« ab. Ihn interessiert auch nicht Alfreds Verschulden bei dem misslungenen Abtreibungsversuch. Die vorenthaltene Taufe ist ein weiterer Hinweis für ihn, dass Marianne ein sündhaftes, selbstsüchtiges, triebhaftes und kein gottgefälliges Leben führen will. Aus diesem Grund verweigert er die Absolution und lässt sie in ihrer Verzweiflung allein.

Auch für »gottesfürchtige Leut« (66) wie die Großmutter und die Mutter ist das Kind Ausdruck des unmoralischen Lebenswandels und der Wertlosigkeit Mariannes, der »schlamperten Weibsperson« (58) aus dem Gefängnis. Es bleibt an ihre soziale Abwertung gebunden und hat keine Chance zu einer geordneten Lebensführung in der Gesellschaft. Die Großmutter löst das Problem auf ihre brutale Weise: Sie ermordet das Kind, wobei die Mutter Mitwisserin ist.

Unmenschliche Selbstgerechtigkeit

Die unmenschliche Selbstgerechtigkeit der Großmutter, ihr fehlendes Verantwortungsgefühl und ihre Unfähigkeit zum Mitgefühl werden deutlich, als ihre Tochter sie darauf verweist, dass Marianne auch eine Mutter sei wie sie selbst. Schroff lehnt sie einen Vergleich ab und beruft sich auf den »Segen von oben« (99), den sie zu haben glaubt.

Die Großmutter bringt den kleinen Leopold in der Gewissheit um, im Einklang mit der bürgerlichen Moral zu sein. Ihre pervertierte Frömmigkeit und ihre pseudo-sittlichen Grundsätze lassen sie morden. Aber die Bewahrung gesellschaftlich anerkannter Moralvorstellungen ist nicht das einzige Motiv der Großmutter für ihr Verhalten.

Hinzu kommen materielle Eigeninteressen. Sie ist darüber enttäuscht, dass Marianne nicht in der Lage ist, den Vater als Versorger für sich und das Kind zu gewinnen und als »Bettelweib« (58) ohne Mitgift die Familie nicht ernähren kann. Weil Alfred sie immer wieder um Geld angeht, fühlt sie sich dazu berechtigt.

Oskars Wertvorstellungen

Oskar teilt diese Wertvorstellungen. Er würde Marianne nur dann heiraten, wenn sie das Kind nicht hätte (vgl. 96 f.). Es ist auch für ihn das äußere Zeichen der Schande. Marianne hat mit dem Kind am Ende alles verloren, was sie geliebt hat. Für Oskar hat sich dagegen nach dem Tod des Kindes »alles so eingerenkt« (103). Seine kleinbürgerlich-enge Weltordnung ist wieder hergestellt.

Moral in der Gesellschaft

Horváth zeigt, wie in der kleinbürgerlichen Gesellschaft ökonomische Wertvorstellungen und Sexualmoral zusammenhängen. Der Zuschauer erkennt, was der Autor mit seiner gezielten Entlarvung des Bewusstseins meint: Das sittliche Pathos ist mit der Unsittlichkeit der gesellschaftlichen Praxis unlösbar verbunden. Die Gesellschaft toleriert das Auseinanderklaffen von Normen und Wirklichkeit. Sie verfolgt aber Normabweichungen, wenn sie ihre Grundlagen gefährdet sieht.

Sprache der Entlarvung

Bildungsjargon

Horváth lässt seine Personen nicht, wie in den bisherigen Volksstücken üblich, im Dialekt sprechen, wenn auch Anklänge daran nicht zu überhören sind. Sie sprechen »Bildungsjargon« (Horváth, zit. nach: Krischke, 1970, S. 54), eine Sprache, die weitgehend aus Entlehntem und Vorgefertigtem, aus Zitaten, stehenden Redewendungen und Floskeln besteht. In diesem Jargon »häufen sich die Allgemeinplätze, die Sentenzen, die politischen Schlagworte, die Klischees kleinbürgerlicher Moral und Verhaltensweisen« (Kurzenberger, S. 15).

»Bildungsjargon« ist für Horváth ein zersetzter, hochdeutsch eingefärbter Dialekt, eine Schöpfung des Kleinbürgertums, das den eigentlichen Dialekt zerstört hat. Die Personen haben ein niedriges Bildungsniveau, wollen sich aber aus Profilierungsgründen und zur Stärkung ihres Selbstbewusstseins gebildet verhalten und ausdrücken. Deshalb streben sie nach einer ihnen wesensfremden Hochsprache, deren unsicherer Gebrauch sie in ihrer Erbärmlichkeit, Einsamkeit und Verlorenheit entlarvt.

Manchmal merken sie dies selbst. Als Oskar aus einem Goethe-Gedicht zitiert, sagt Marianne ironisch: »Gott, seid ihr gebildet«, und er antwortet zutreffend: »Das sind doch nur Kalendersprüch!« (97), also nur hingesagte Worte ohne irgendwelchen Sinn. Die Herkunft der Zeilen kennt er nicht.

Unfähigkeit zur Erkenntnis

Die Personen sprechen so, weil ihnen die eigene Erkenntnis und deshalb der eigene Ausdruck fehlt. Aber sie verlieren Denk- und Urteilsvermögen, wenn sie auf vorgeformte Elemente zurückgreifen und die Wirklichkeit klischeehaft mit den Augen anderer sehen. So wirkt es komisch, weil unangemessen, wenn Marianne bei ihrem Ausbruchsversuch ruft: »Jetzt bricht der Sklave seine Fessel« (40), und dabei unbewusst bei Schillers Gedicht *Die Worte des Glaubens* (1797) eine Anleihe macht. Sie kann ihre neue

Situation nicht selbst ausdrücken. Durch die Distanz des Sprechers zum Gesprochenen entsteht ein »Jargon der Uneigentlichkeit« (Hildebrand, S. 236).

Die zum »Bildungsjargon« verkommene uneigentliche Sprache ist Ausdruck entfremdeter Kommunikation und schränkt die Fähigkeit der Personen ein, miteinander Gedanken und Gefühle auszutauschen. Beispiel dafür sind die sich um sich selbst drehenden Aussagen in Alfreds Gespräch mit Marianne, keiner dürfe/wolle/könne wie er wolle/dürfe/könne/solle (vgl. 37).

Demaskierung des Bewusstseins

Diese Art Sprache macht den Kampf zwischen Bewusstsein und Unterbewusstsein deutlich, die Horváths Figuren kennzeichnet. Es geschieht eine »Demaskierung des Bewusstseins« (*Gebrauchsanweisung*, zit. nach: Krischke, 1970, S. 53). Ganz gleich, worüber die Personen sprechen, immer äußern sie, meist unfreiwillig und indirekt, ihre wahren Interessen. Als sich Marianne durch Alfreds Fragen überrumpelt fühlt, sagt sie erstaunt und erschreckt: »[…] wie Sie das alles aus einem herausziehen«. Er antwortet: »Ich will gar nichts aus Ihnen herausziehen. Im Gegenteil« (27). Die derbe Doppeldeutigkeit entlarvt seine eigentlichen sexuellen Absichten.

Verräterische Sprache

Die Sprache charakterisiert die Figuren. Wenn z. B. der verantwortungslose Schwätzer Alfred zu Marianne sagt: »Daß ich dich nämlich nicht hab haben wollen – dafür trägt aber nur mein Verantwortungsgefühl die Verantwortung« (40), macht die Tautologie deutlich, dass er sich herausreden will.

Oft werden Beschimpfungen aus der Tierwelt verwendet. Alfred ist für Valerie »Luder, Mistvieh, […], Bestie« (23).

Alfred und Marianne leben nach Ansicht der Großmutter »in wilder Ehe zusammen, wie in einem Hundestall« (56). Ihre Tochter nennt sie »Mistvieh« (99), ebenso wie der Zauberkönig seine verstorbene Frau (vgl. 21). Seine Tochter ist nach ihrem Nacktauftritt ein »gemeines Schwein« (83), und er weist darauf hin, dass »die Menschen mit der Tierwelt verwandt sind« (76). Diese Metaphern und Vergleiche lassen Inhumanität und Bestialität der Personen deutlich werden.

Arten von Dialogen

Man kann in dem Stück zwei Arten von Dialogen unterscheiden (vgl. Hildebrand, S. 243). Die Komplizengespräche entsprechen den Wechselreden des klassischen Dramas und bewirken ein Fortschreiten der Handlung. Man geht aufeinander ein und zieht Konsequenzen aus dem Gespräch wie z. B. Alfred nach seiner Unterhaltung mit seinem Freund Hierlinger (48–52). Das Aneinandervorbei-Reden geschieht hauptsächlich in der Liebesszene (vgl. 37 ff.). Die Personen gehen kaum aufeinander ein. Es handelt sich dabei eher um nebeneinander verlaufende Monologe wie z. B. auch bei Alfreds Gespräch mit seiner Mutter (vgl. 8).

Sprachschichten

In Horváths Stück kann man vier Sprachschichten erkennen (vgl. Wapnewski, S. 130 f.). »Der hohe Ton« wird vor allem in den Szenen der großen Gefühle verwendet, z. B. in Mariannes Liebesszene mit Alfred. Besonders er und Oskar bemühen Zitate, um sich als gebildete Menschen darzustellen. In der Versöhnungsszene (87–98) verwenden die Personen zur Wiederherstellung einer heilen Welt ebenfalls Zitate.

Bei dem am meisten verwendeten »mittleren Ton« verwenden die Personen Klischees, Phrasen, sprachliche Versatzstücke und Redensarten. Es handelt sich um eine scheinbar geläufige Umgangstonart, aber um eine entfremdete Sprache.

Das Stück ist mit Anklängen an den österreichisch-wienerischen Dialekt geschrieben. Das gilt vor allem für das Sprechen des Zauberkönigs und des Rittmeisters. Dadurch werden Lokalkolorit und der – täuschende – Eindruck von Gemütlichkeit vermittelt.

Man könnte noch eine vierte Sprachschicht annehmen, die authentische Sprache. Sie wird nur in Situationen gesprochen, wenn Angst und Verzweiflung Wahrhaftigkeit verlangen wie z. B. bei Mariannes Beichte im Dom (65–67).

Stilmittel

Entlarvung durch Komik

Zu Horváths Stilmitteln gehört die Komik. Er meint damit allerdings keine unbefangene Heiterkeit, sondern die Entlarvung des Sprechers durch das Missverhältnis zwischen vorgegebener Moralität oder Erhabenheit und tatsächlicher Unmoral und Banalität. So offenbart sich die Schizophrenie des Zauberkönigs auf grotesk-komische Weise, wenn er sich als Moralapostel aufspielt, sich als Voyeur, Fetischist (vgl. 32 f.), Busengrapscher entlarvt (vgl. 69) und im Maxim feststellt: »Nackete Weiber, sehr richtig« (78). Komisch wirkt auch die Situation, in der er Erichs stramme Haltung bewundert und dabei betrunken unter den Tisch fällt (69).

Klassische Zitate nach banalen Szenen wirken komisch, wenn z. B. der Zauberkönig die Suche nach seinen Sockenhaltern mit einem lateinischen Sprichwort kommentiert (vgl. 17). Auch diejenigen Szenen verleiten zum Lachen, in denen nach normaler Unterhaltung die Abgehenden von den Zurückbleibenden wüst beschimpft werden (vgl. 23). So nennt Erich Valerie nach ihrem Weggehen: »Altes fünfzigjähriges Stück Scheiße« (90). Die Personen entlarven sich dadurch in ihrer Aggressivität.

Komische Charaktere

Neben Situations- und Sprachkomik bringt Horváth drei komische Charaktere ins Spiel: den Militaristen Erich, den etwas senilen Rittmeister und den Wien-seligen Mister aus Amerika. Erichs Auftreten ist jedoch nicht nur eine Karikatur auf militärisches Gebaren, sondern weist auf das künftige Nazi-Unheil hin; der Rittmeister ist unter seiner wohlerzogenen Oberfläche taktlos, weil er unvermittelt Mariannes Vater zu ihrem Bühnenauftritt führt; der Mister ist sexuell verdorben und hält Marianne für eine Hure (vgl. 84).

Komik und Unheimlichkeit

Horváth verbindet das Komische mit dem Unheimlichen. Er schreibt, alle seine Stücke seien eigentlich »Tragödien, sie werden nur komisch, weil sie unheimlich sind. Das Unheimliche muß da sein« (zit. nach: Krischke, 1970, S. 55). Das Unheimliche steckt im Vertrauten. Hinter dem Schlachten eines Schweins verbirgt sich pure Mordlust. Der Metzger Oskar hat als Spiegelbild seinen unheimlichen Gehilfen Havlitschek. Hinter Liebesbeziehungen wie z. B. zwischen Marianne, Oskar und Alfred lauert der Schrecken. Und der traditionell glückliche Ausgang des Stückes ist in Wirklichkeit das tragische Scheitern Mariannes. Deshalb bleibt das Lachen im Halse stecken.

Bühnenanweisungen

Horváth verwendet in seinem Stück epische Elemente, wenn auch deutlich unauffälliger als Brecht. Als sein oft ironischer Kommentar fungieren die Bühnenanweisungen. Der Autor stellt nach Mariannes Eingehen auf den Versöhnungsvorschlag fest, »das Glockenspiel erklingt, als wäre nichts geschehen« (98). Er spricht von der »lieben Tante« (36), lässt die Sonne »wie dazumal« scheinen, die Realschülerin »noch immer« den Walzer spielen (42) und gibt als Geschehensort »wieder« (59) die stille Straße an.

Stille

Horváth zeichnet Figuren, die sich nicht nur durch das kennzeichnen, was sie tun oder sagen, sondern oft noch mehr durch das, was sie nicht tun und sagen. Als ein wichtiger Hinweis an den Zuschauer ist deshalb die Regieanweisung »Stille« zu lesen. Auf ihre Bedeutung weist er hin und fordert auf, genau auf die »Pausen im Dialog« zu achten, die er mit »Stille« bezeichnet: »hier kämpft das Bewußtsein oder Unterbewußtsein miteinander, und das muß sichtbar sein« (Horváth, zit. nach: Krischke, 1970, S. 55).

Textinterne Funktion

Diese Stille hat einmal eine textinterne Funktion. Sie ist legitimes Verhalten der Personen in der Kommunikation und damit Teil des sprachlichen Geschehens: Die Figuren schweigen, wenn sie über etwas nicht sprechen wollen oder können, wenn ihnen Fragen unangenehm sind, wenn sie nicht mehr weiter wissen, über etwas nachdenken oder an die Grenzen ihres Denkens stoßen.

Textübergreifende Funktion

Außerdem hat die Stille eine textübergreifende Bedeutung. Als Signal des Autors soll sie den Zuschauern kritische Einsicht in das sich verbergende falsche Bewusstsein und in die versteckten triebhaften Beweggründe der Figuren ermöglichen.

Stille ist deshalb kein willkürliches Schweigen der Figuren. Immer wenn diese Anweisung erfolgt, kann der Zuschauer sicher sein, dass etwas Unstimmiges geschieht oder etwas Unheimliches in das Geschehen einbricht, dass über wichtige Dinge geschwiegen wird, worüber man nicht sprechen kann oder will, dass Widersprüche zwischen Gemeintem und Gesagtem, Sprechen und Tun auftreten.

Die Zuschauer können an solch einer Stelle darüber nachdenken, aus welchen Gründen der Autor die Personen still sein lässt und welches Verhalten und Denken sich dahinter verbirgt. Sie erkennen, dass zwischen den Figuren mehr vorgeht, als es scheint.

Gründe für »Stille«

Im ersten Wachau- und im Donaubild wird vom Autor je zwölfmal »Stille« angeordnet. Im Wachaubild (7–13) wird durch diese Pausen auf die gestörte Kommunikation zwischen den Personen und auf die Peinlichkeiten bei ihren Ausführungen hingewiesen. Im Donaubild (36–41) herrscht »Stille« nach wichtigen Ereignissen: Als z. B. Marianne aus der Donau steigt und Alfred erkennt, markiert »Stille« den Punkt, an dem Glück im Augenblick seines Entstehens in Unglück umschlägt.

Steigerung der »Stille«

Wird die Grenze des Denkens der Figuren erreicht, so steigert Horváth und verordnet »peinliche Stille«. Sie herrscht, als der Hierlinger Ferdinand merkt, dass er sich verplappert hat (vgl. 10). Eine noch stärkere Form der Stille ist »Totenstille«. Sie erfolgt an drei entscheidenden Stellen im Bild »Beim Heurigen«: nach dem Singen des Wachau-Liedes (vgl. 68), nach Erichs militärischen Befehlen (71) und schließlich, nachdem der Conférencier das folgenreiche Bild »Die Jagd nach dem Glück« ansagt (78). Diese starken Signale bereiten den deprimierenden Schluss vor.

Symbolik

Horváth legt über die reine Geschehensebene ein dichtes Geflecht von Symbolen und Motiven, die das Geschehen verklammern, die vor allem aber eine Schicht zusätzlicher assoziativer und konnotativer Bedeutungen schaffen und es auf diese Weise zeichenhaft verdichten.

Schauplätze

Dazu gehört einmal die Wahl der Schauplätze, die charakteristische Ausschnitte aus der kleinbürgerlichen Realität darstellen, die die Personen prägt. Neunmal wechseln die Lokalitäten und werden zu »Tatorten« (Buck, S. 381). Den lokalen Rahmen stellen die Orte »Draußen in der Wachau« und »Stille Straße im achten Bezirk« dar. Der Gegensatz von Stadt und Land ist jedoch nur eine »Scheinopposition« (Wapnewski, S. 126). Die »Wachau« mündet gewissermaßen in die »Stille Straße«. Nicht das unverdorbene Landleben steht dem verdorbenen Stadtleben gegenüber, sondern an beiden Orten ist die Moral zerstört.

Bereits in der ersten Szene wird die durch Schauplatz und Musik vorgetäuschte Idylle einer heilen ländlichen Welt mit einer intakten Familie infrage gestellt. Die »hochromantische« Burgruine (12) in der Wachau hat nicht nur idyllischen Charakter, sondern weist auf Verfall und Tod hin. Die Familie besteht aus zwei Witwen, die ein kärgliches Leben führen. Alfred rechnet mit dem Tod der Großmutter. Am Ende ermordet sie hier seinen kleinen Sohn.

Todesmotiv

Das Motiv des Todes, verbunden mit Bildern der Gewalt, ist von Anfang bis zum Schluss präsent. Bevor zu Beginn des Stückes ein Wort fällt, bringt Alfreds Mutter ihrem Sohn ein Messer (vgl. 7). Auch wenn es als Arbeitsgerät eingesetzt wird, sind damit Assoziationen an Verletzung, Gewalt und Tod verbunden.

Häufung der Todessymbole

Der Hauptschauplatz »Stille Straße im achten Bezirk« lässt das Geschehen scheinbar zeitlich und räumlich in einer glücklich zurückgebliebenen Vorstadt abseits der von Krisen geschüttelten Welt stattfinden. Aber auch hier häufen sich die Zeichen des Todes: die geschlachteten Tiere in Oskars Metzgerei, Totenköpfe, Zinnsoldaten, Raketen und das Skelett in der Puppenklinik (vgl. 13). Alfreds Beziehung zu Marianne steht von Beginn an unter dem Aspekt des Todes. Zum ersten Mal sieht er sie in der symbolischen Szene, als sie sich im Schaufenster der Puppenklinik darum bemüht, das »Skelett« (21) zu arrangieren.

Valerie denkt an »das Grab« (12) ihres Mannes. Als sie in den Taschenspiegel blickt, hat sie wohl ihren eigenen Tod vor Augen, denn sie summt dazu »den Trauermarsch von Chopin« (13). Die Kinder spielen mit Bleisoldaten, am liebsten haben sie »Schwerverwundete« und »Fallende« (17), Havlitschek erscheint als »Riese mit blutigen Händen« und einem »langen Messer« (14). Oskar kommt aus seiner Fleischhauerei »in Schwarz und mit Zylinder« (19), der Rittmeister hätte gern einen längeren Krieg gehabt (vgl. 16) und stellt fest: »Wir müssen alle mal fort« (15). In der stillen Straße wird Oskars verstorbener Mutter ausführlich gedacht und für sie eine Totenmesse gehalten.

Besonders der Zauberkönig wird mit dem Tod in Ver-

Der Zauberkönig und der Tod

bindung gebracht. Als er seine Tochter mit Alfred erwischt, hat er »die Hand auf dem Herzen« (39). Ihn trifft »fast der Schlag« (88), als er hört, dass seine Tochter verurteilt wurde. Nach Valeries Ansicht war er »knapp vor dem Tode« (88). Sie stellt ihn später vor die Alternative Versöhnung oder Schlaganfall (vgl. 93), und nach dem Tod des Kindes glaubt er, der »zweite Schlaganfall« (101) habe ihn getroffen.

Horváth verdichtet die Todes- und Gewaltzeichen in dem Motiv des Sauabstechens. Es handelt sich dabei um eine »sadistische Substitutionshandlung« (Haag, 2000, S. 311), die einen unausgesprochenen Zusammenhang zu den Figuren Emma bzw. Marianne aufweist. Die Szene Havlitscheks mit Emma (42 f.) spiegelt das Verhältnis Oskars zu Marianne. In der zweiten Szene delegiert Oskar das Sauabstechen an Havlitschek, weil er »heut keinen Spaß dran« habe (43). Im folgenden Wortwechsel zwischen Oskar und seinem Gehilfen kommt es fast zur Nennung des gemeinten Opfers. Beim dritten Mal will Oskar »die Sau« schon »selber abstechen« (65) – er sieht wieder Chancen in Bezug auf Marianne.

Das Abstechen der Sau

Oskars und Mariannes Beziehung kann als »Geschichte der Verschiebung der sexuellen Befriedigung in der sadistischen Perspektive der Zerstörung des Liebesobjekts« betrachtet werden (Haag, 2000, S. 311). Dazu passt die als Liebeserklärung getarnte Drohung, er werde sie auch »noch weiter lieben«, sie entgehe ihm nicht (40), die am Ende ihre Berechtigung hat.

Die Todeszeichen häufen sich am Schluss des Stückes. Mariannes Kind stirbt und soll einen »schönen Grabstein« (102) haben. Marianne will die Großmutter erschlagen, wird aber von Oskar daran gehindert. Bevor Alfred im Schlussbild abgeht, stellt er bedauernd fest: »Man […] stirbt aus. Schad!« (102). Am Ende soll der Walzer »Geschichten aus dem Wiener Wald« gespielt werden, »als spielte ein himmlisches Streichorchester« (103).

Das Stück als Totentanz

Weil die Bilder des Todes das gesamte Stück beherrschen, kann man von einem »Wienerischen Totentanz« (Erken, S. 154) sprechen. Die Personen stehen für eine untergehende Gesellschaft, die dem moralischen Tod schon verfallen ist.

Die Bedeutung der Musik

Musik hat wie in den traditionellen Volksstücken auch in diesem Stück eine eminent wichtige Funktion. Schon der Titel des Stücks kündigt das musikalische Element an. Walzer von Strauß, »die musikalische Signatur Wiens […], seine Erkennungsmelodie« (Wapnewski, S. 127), durchziehen das gesamte Stück. Eine unsichtbare Realschülerin klimpert sie durch sämtliche in der »stillen Straße« spielenden Bilder hindurch, eine Tante lässt bei der Verlobungsfeier ein Reisegrammophon spielen, der »Bräutigam in spe« (19) singt ein Operettenlied, und die bösartige Großmutter spielt auf der Zither Walzer und Marschmusik.

Funktion der Musik

Musik hat üblicherweise die Aufgabe, die Stimmung des Zuschauers aufzubauen, Identifizierung zu bewirken und Lokalkolorit zu erzeugen sowie leitmotivisch zur akustischen Verknüpfung und Verklammerung der einzelnen Bilder beizutragen. Hier aber soll sie, und das unterscheidet sie von ihrer Funktion in den traditionellen

Volksstücken, Handlung und Stimmung kontrastieren, kommentieren und so verfremdend wirken.

Das Stück beginnt in der Wachau mit der Regieanweisung, in der Luft sei ein »Klingen und Singen – als verklänge […] der Walzer ›Geschichten aus dem Wiener Wald‹« (7). Diese Anweisung soll den Zuschauer vorerst illusionieren, ebenso wie der Schauplatz »Wachau«, der durch seine bloße Nennung eine Erwartungshaltung aufbaut.

Im Schlussbild, das wieder in der Wachau spielt, heißt es ähnlich (vgl. 103). Jetzt ist der Zuschauer jedoch durch das Geschehen desillusioniert. Er erkennt die ironische Brechung: Horváth stellt das Glück in dem Maße infrage, wie er die Wiederherstellung der Normalität behauptet.

Exakter Musikeinsatz

Der Autor legt genau fest, wann die gespielte Melodie abbricht, oft mitten im Takt, und wann sie wieder einsetzt. Das geschieht z. B., als Marianne Alfred zum ersten Mal im Schaufenster erblickt und erschrickt (22). Der Walzer »Über den Wellen« bricht ab, als der Rittmeister zugeben muss, keinen Gewinn gemacht zu haben (vgl. 16). Er wird fortgesetzt und endet, als Marianne die gesuchten Sockenhalter bringt (vgl. 19).

Der Walzer »In lauschiger Nacht« bricht »mitten im Takt« ab (22), ein vorausdeutender Hinweis auf das Ende der Beziehung. Ironisch wirkt das Singen dieses Walzerliedes durch Oskar (vgl. 29). Der Zuschauer weiß, dass sich Marianne weniger zu ihm und mehr zu Alfred hingezogen fühlt. Außerdem steht der Inhalt seiner musikalischen Einlage im Gegensatz zu seinem schmerzhaftem Jiu-Jitsu-Griff an Marianne.

Wer spielt?

Von Bedeutung ist auch, wer den Walzer »Geschichten aus dem Wiener Wald« spielt.

Zu Beginn des ersten Bildes handelt es sich um die perfekt gespielte Orchesterfassung. Vermittelt wird der Eindruck einer (noch) heilen, beschwingten Welt. Dann spielt »jemand« diesen Walzer auf einem »ausgeleierten Klavier« (14). Es scheint die übende Realschülerin zu sein. Der Eindruck von Unvollkommenheit, Unfertigkeit wird vermittelt. Er entsteht verstärkt beim nächsten Mal. Diesmal wird »jemand« als Realschülerin identifiziert (42). Die Dilettantin bleibt wie zufällig am Klavier stecken, wenn der Dialog eine bedrohliche Missstimmung ankündigt.

Im letzten Bild spielt die mörderische Großmutter den Walzer auf volkstümliche Weise auf der Zither (vgl. 102). Er steht inhaltlich und formal in scharfem Gegensatz zum verbrecherischen Geschehen, auch das Spiel auf der Zither hinterlässt den Eindruck des Grotesken und Unheimlichen, besonders weil kurz vorher Marianne sie damit erschlagen wollte. Durch ein »himmlisches Streichorchester« (103) wird am Ende dann wieder ironisch heile Welt assoziiert.

Walzer für die Wendepunkte

Der Walzer »An der schönen blauen Donau« ist die Musik zur Katastrophe: Bevor Marianne im »Maxim« als nackte Glücksgöttin auftritt, erklingt er (vgl. 78) und erinnert an die Badeszene an der Donau, in der sie sich in Alfred verliebt und die mit dem Namen ebendieses Walzers betitelt ist (vgl. 36).

Lieder in der Heurigen-Szene

Das gesamte Wiener Liederrepertoire wird in der Heurigen-Szene aufgeführt. Heimatlieder, Märsche und Schrammelmusik erinnern an den früheren Glanz der Monarchie. Aber der Charakter dieser Musikstücke und Gesänge wird verkehrt. Nicht Lebenslust kommt darin zum

Ausdruck, sondern Oberflächlichkeit, Beschränktheit und Gemütsarmut. Musik wird gebraucht, um Peinliches zu verdrängen, sie ist »Kompensation für nicht verwirklichte Aggressivität« (Mennemeier, S. 32). Sie schafft ein falsches Idyll, aber sie entlarvt es auch. Sie dient der Ironisierung und Verfremdung szenischer Vorgänge.

7. Autor und Zeit

Der Mittelstand

Die Folgen des Ersten Weltkrieges (1914–18) – Inflation und zuletzt die Wirtschaftskrise – führten zu einem Niedergang des alten gewerblichen Mittelstandes. Dazu gehörten Handwerker, Kleingewerbetreibende, Kleinhändler und Bauern. Die Frauen arbeiteten in Handwerk und Handel mit, oft als helfende Familienangehörige. Meist litten sie an ihrer Doppelbelastung von Haushalt und Beruf.

Niedergang des alten Mittelstandes

Der alte Mittelstand war zwar verarmt und ökonomisch kaum mehr vom Proletariat zu unterscheiden, aber immer noch eine besondere Schicht mit eigenem Standesbewusstsein. Er hatte noch die Illusion der Selbstständigkeit, obwohl er weitgehend seine finanzielle Existenzgrundlage und damit seine soziale Stellung und sein Ansehen verloren hatte.

Hinzu kamen die Auflösung traditioneller Institutionen wie Ehe und Familie und die Orientierungslosigkeit des Einzelnen. Man schützte sich vor diesen Einflüssen, indem man an den Werten der Vergangenheit festhielt, sich gegen das Industrieproletariat abgrenzte und für rechtsradikale Propaganda öffnete.

Die Orientierungskrise des Mittelstandes sieht Horváth darin begründet, dass viele ihren wirtschaftlich gesicherten sozialen Status verloren hatten, aber ihr bisheriges Denken und Verhalten beibehalten wollten und sich bemühten, ihre soziale Degradierung ideologisch zu kompensieren. Horváth zeigt das paradoxe Verhalten dieser sozialen Gruppe auf, die gebildet sein möchte und sich an die Werte des Bürgertums klammert, aber keinen Zugang zu echter Bildung hat.

Horváth merkte sehr früh, dass die gesellschaftliche Wirklichkeit der Zeit um 1930 wesentlich durch die psychische Verfassung und politisch-soziale Haltung der Mittelschichten bestimmt wurde. Er schreibt in seiner *Gebrauchsanweisung*, Deutschland bestehe »aus vollendeten oder verhinderten Kleinbürgern, auf alle Fälle aus Kleinbürgern. Will ich also das Volk schildern, darf ich natürlich nicht nur die zehn Prozent schildern, sondern als treuer Chronist meiner Zeit, die große Masse« (zit. nach: Krischke, 1970, S. 54).

Kleinbürger

Horváth meint »Kleinbürger« und »Mittelstand« nicht im ökonomischen, sondern im soziologischen Sinn. Er denkt dabei an ein Selbstverständnis, an einen bestimmten Lebensstil. Die beiden Begriffe werden von ihm synonym gebraucht.

Parallel zu dem Niedergang des alten Mittelstandes entstand durch die technische und wirtschaftliche Entwicklung der »neue« Mittelstand: Beamte und vor allem Angestellte, die über qualifizierte Kenntnisse und Erfahrungen verfügten. Es gab neue Berufe und Arbeitsplätze. Frauen konnten als Stenotypistin, Sekretärin und besonders als Verkäuferin in den neu entstehenden Warenhäusern tätig sein.

Der neue Mittelstand

In Horváths Stück dominieren die Personen aus dem »alten Mittelstand«. Wenn Valerie über den Zauberkönig sagt: »Diese Sorte stirbt nämlich aus« (77), so ist das ein Hinweis auf den Niedergang dieser sozialen Schicht, die

Ödön von Horváth
(um 1931)

er verkörpert. Das Figurenspektrum des Stückes will alle Gruppen berücksichtigen, allerdings bleiben die Unselbstständigen unterrepräsentiert.

Mittelstands-panorama

Angehörige des kleinen Gewerbes und des Kleinhandels sind der Metzger Oskar, der sich noch einen Gehilfen leisten kann, der Zauberkönig, der nur mit der Hilfe seiner Tochter Marianne bestehen kann, und die Tabak-Trafikantin und Beamtenwitwe Valerie, die ihren Unterhalt durch Zimmervermietung aufbessert.

Zu dieser Gruppe gehört auch der arbeitslose Bankangestellte Alfred, der sich in mehreren »Jobs« versucht. Seine Mutter und seine Großmutter verwalten eine Burgruine und haben kleine Ersparnisse. Den Aufstieg zum Bürgertum will der Jurastudent Erich schaffen, der in der Industrie Karriere machen will.

Hinzu kommen sozial Degradierte aus der Aristokratie oder dem Militär der Vorkriegszeit: der pensionierte Rittmeister, der dem Krieg nachtrauert, und die Baronin. Sie hat zwar einen Dienstboten und verfügt über einen Salon, ist aber in dunkle Nachtklubgeschäfte eingestiegen und einem dubiosen Subjekt wie dem Hierlinger Ferdinand verpflichtet.

Biografische Hinweise

Edmund (Ödön) Josef von Horváth wird am 9. Dezember 1901 in Sušak, einem Vorort des heutigen Rijeka, geboren (vgl. Krischke-Prokop, S. 185–90). Der Vater, ein ungarischer Diplomat, wird oft versetzt. Dadurch verläuft das Leben des Jungen unstet. Wegen der Umzüge muss er häufig den Ort und die Sprache wechseln und kann nirgendwo heimisch werden. Er bezeichnet sich als »altösterreichische Mischung«, als Heimatlosen. Erst mit 14 Jahren schreibt er den ersten deutschen Satz und entscheidet sich mit 17, Deutsch als Muttersprache zu wählen.

Heimatlosigkeit

Er wächst in Belgrad (1902), Budapest (1908), München (1913), Preßburg (heute Bratislava) (1916), wieder Budapest (1918) und Wien (1919) auf. Dort macht er im Sommer 1919 das Abitur. Im Herbst desselben Jahres immatrikuliert er sich an der Ludwig-Maximilian-Universität in München und studiert Theaterwissenschaft.

Bereits während seines Studiums beginnt Horváth mit dem Schreiben und entscheidet sich schließlich für die Schriftstellerei, weil er sich für untauglich für einen bürgerlichen Beruf hält. 1923 zieht er zu seinen Eltern nach Murnau (Oberbayern) und arbeitet intensiv schriftstellerisch. Wie viele andere aufstrebende Talente wechselt er 1924 nach Berlin. Hier findet er literarische Reife und gewinnt Anschluss an den berühmten Ullstein-Verlag, der ihm ermöglicht, als freier Schriftsteller zu arbeiten.

Schriftsteller in Berlin

Ihm öffnen sich die großen Bühnen, und er gerät in einen wahren Schaffensrausch. In sieben Jahren entstehen seine wichtigsten Werke: der Roman *Der ewige Spießer* (1930) und acht Theaterstücke, darunter: *Die Bergbahn*; *Sladek, der schwarze Reichswehrmann* (beide 1929); *Italienische Nacht*, *Geschichten aus dem Wiener Wald* (beide 1931); *Kasimir und Karoline* (1932); *Die Unbekannte aus der Seine* (1933); *Glaube, Liebe, Hoffnung* (1936).

Auf Vorschlag von Carl Zuckmayer erhält Horváth 1931 – zusammen mit Erik Reger – den Kleistpreis. 1933

Aufführungsverbot

verhindern die Nationalsozialisten die Uraufführung von *Kasimir und Karoline*, und auch geplante Aufführungen anderer Stücke finden nicht statt. Horváth verlässt Deutschland und reist nach Budapest, um die ungarische Staatsbürgerschaft zu behalten. 1934 zieht er wieder nach Berlin, gewinnt Anschluss an die Filmindustrie und schreibt Filmdialoge. Aber er muss Berlin im gleichen Jahr wieder verlassen. Sein Roman *Jugend ohne Gott* erscheint 1937 in Amsterdam, da für ihn Publizieren in Deutschland nicht mehr möglich ist. Horváth hat zunehmend Depressionen. Er ist unzufrieden im Künstlerischen und hat finanzielle Sorgen, weil seine Stücke in Nazi-Deutschland nicht aufgeführt werden dürfen. 1938 reist er von Wien aus über verschiedene Zwischenstationen nach Paris. Dort trifft er sich mit dem bekannten Regisseur Robert Siodmak zu Besprechungen über die Verfilmung seines Romans *Jugend ohne Gott*. Am 1. Juni abends wird Horváth im Gewittersturm auf den Champs-Elysées von einem herabstürzenden Ast getötet und am 7. Juni auf dem Friedhof St. Ouen im Norden von Paris bestattet.

Tod in Paris

8. Rezeption

Die Uraufführung

Die Uraufführung fand am 2. November 1931 mit Starbesetzung (Paul Hörbiger als Rittmeister, Hans Moser als Zauberkönig, Carola Neher als Marianne) in Berlin statt und war ein großer Erfolg. Das Medienecho war so stark wie bei keiner anderen Premiere zu Horváths Lebzeiten. Die positiven Stimmen überwogen. Es sei »ein großer Abend der deutschen Schauspielkunst« gewesen (zit. nach: Schmidjell, S. 90)

Positives Echo

Auch der gefürchtete Essayist und Schriftsteller Alfred Kerr äußerte sich zu Horváths Freude wohlwollend und schrieb, Horváth lüpfe »als Ironiker eine Legende: Kitschlügen um Österreich. […] Ihn ergötzt jener Unterschied zwischen dem feindlich übertünchten Außen und dem verdammt hintergründigen Innen« (zit. nach: ebd., S. 92).

Der Schriftsteller und Kritiker Erich Kästner beschreibt einfühlsam Horváths Intention der »Entlarvung des Bewußtseins«. Es ist für ihn eine »Komödie mit doppeltem Boden«. Horváth »zerstörte nicht nur das überkommene Wiener Figurenpanoptikum, er gestaltete ein neues, echteres«. Aber er übt auch Kritik: Es sei »sehr schwer, eine derartige Komödie […] sinngemäß zu inszenieren«, und die Inszenierung habe den doppelten Boden unterschlagen. »Das Hintergründige blieb unsichtbar« (zit. nach: ebd., S. 91).

Verrisse

Es gab aber auch Verrisse von rechts gerichteten Kritikern und Zeitungen. Der Kritiker Paul Fechter äußert sich negativ über das Stück: »Die Komödie ist ungefähr das dümmste, was je mit dem Anspruch, Literatur zu sein, über die Szene gegangen ist. Dünn, blutlos, Volksstück ohne jede Beziehung zu dem, was Volk ist« (zit. nach: ebd., S. 98).

Noch unqualifizierter schreibt die nationalsozialistische Zeitung *Der Angriff*: Das »goldene Wiener Herz« sei »rettungs- und hilflos in der Horváthschen Jauche« ersoffen. Das Schimpfwort der Großmutter an ihre Tochter träfe auf das Stück zu: Es handele sich um ein »Miststück« (zit. nach: Krischke, 1972, S. 131). Ab 1933 durfte das Stück wie auch andere in Deutschland nicht mehr aufgeführt werden.

Rezeption des Stückes nach dem Krieg

Horváth wurde nach dem Krieg in der Bundesrepublik weitgehend vergessen. In Österreich wurden seine Stücke jedoch schon in den ersten Nachkriegsjahren aufgeführt. Die österreichische Erstaufführung unter dem leicht abgeänderten Titel *G'schichten aus dem Wiener Wald* entfachte 1948 einen der größten Theaterskandale der Nachkriegszeit. Das Publikum »brachte […] vehement seinen Unmut über das verzerrte Wienbild zum Ausdruck« und äußerte »Pfuirufe, schrille Pfiffe und Rufe wie ›Das sind keine Menschen, sondern Bestien‹, ›Das Stück gehört abgesetzt‹« (zit. nach: Schmidjell, S. 96 f.).

Theaterskandal

Die Kritik allerdings reagierte vorwiegend positiv und lobte das Stück. Man sprach von einer »glänzenden Aufführung« (zit. nach: Krischke, 1972: S. 136). Es sei ein »ausgezeichnetes Stück, das ein ausgezeichnetes Ensemble spielt« (zit. nach: ebd., S. 138). Besonders die letzten vier Bilder wirkten »gespenstig und grausig, weit über eine Bloßstellung des verhaßten Spießbürgers hinaus und werden zu einer grausigen Symphonie der Gemeinheit« (zit. nach: ebd., S. 143).

Aber es gab auch Gegenstimmen. Man beklagte die »österreichfeindliche Einstellung« (zit. nach: ebd., S. 139) und spricht von einer »Unverfrorenheit: dieses peinliche Panoptikum ein ›Volksstück‹ zu nennen«. Es sei eine Frechheit, »diese Verunglimpfung Wiens gerade den Wienern vorzusetzen« (zit. nach: ebd., S. 141).

In den Jahren nach dem Krieg wurden Horváths Theaterstücke lange Zeit nicht beachtet. Erst in der zweiten Hälfte der 60er Jahre wurde Horváth als ›Klassiker der Moderne‹ neu entdeckt. Eine Horváth-Renaissance setzte ein. Horváth wurde zum viel gespielten Dramatiker, »seine Stücke, die genauesten Befunde über die verstörten Kleinbürger, die Arbeitslosen und massenhaften outcasts der zu Ende gehenden Weimarer Republik wurden zum Muster für viele Dramatiker« (Karasek, S. 140). Gleichzeitig setzte eine Flut von wissenschaftlichen Veröffentlichungen über den Autor ein. Peter Handke versuchte mithilfe der Nacherzählung *Totenstille beim Heurigen* eine Analyse des Stückes (in: Krischke, 1972, S. 55 ff.).

Horváth-Renaissance

1968 wurden die *Geschichten aus dem Wiener Wald* ein zweites Mal in Wien aufgeführt, und zwar mit großem Publikums- und Kritikererfolg (den Zauberkönig spielte Helmut Qualtinger). Neben den schauspielerischen Leistungen wurden die überzeitliche und die gesellschaftskritische Bedeutung des Stückes gelobt.

Von großer Bedeutung für die Wiederentdeckung Hor-

Fernsehen und Film

váths sind verschiedene Verfilmungen. Fernseh-Produktionen machten das Stück wieder bekannt (1961 im österreichischen Fernsehen, 1964 im bayerischen Fernsehen, 1999 im Fernsehen nach einer Aufführung am Hamburger Thalia-Theater). Der wichtigste rezeptionsfördernde Impuls ging aber 1979 von der Verfilmung des Stückes durch Maximilian Schell aus, die durch eine prominente Besetzung Erfolg hatte. Der Film wurde 1980 mit dem Deutschen Filmpreis in Silber ausgezeichnet, fand aber bei der Kritik keine ungeteilte Zustimmung (vgl. Schmidjell, S. 105 f.).

In den 80er Jahren macht sich eine gewisse Horváth-Müdigkeit breit, und zwar sowohl in Bezug auf die literaturwissenschaftliche Auseinandersetzung mit ihm als auch auf die Anzahl und Qualität seiner Inszenierungen. Seit Beginn der 90er Jahre werden die *Geschichten* wieder häufiger gespielt. Man vermutet, das könne an den politischen Veränderungen dieser Zeit liegen, denn Horváths Stück wird immer öfter als eine Parabel für die Gegenwart verstanden. Die Schwerpunkte der Inszenierungen sind wegen seiner interpretatorischen Ergiebigkeit unterschiedlich, aber ein Bezug zur jeweiligen Gegenwart wird meistens gesehen. Auch Horváth sah ihn, als er in der Aufführungsnotiz schrieb, das Stück spiele »in unseren Tagen« (6).

9. Checkliste

1. Beschreiben Sie die Figurenkonstellation!
2. Beschreiben und deuten Sie Mariannes Verhalten ihrem Vater, Oskar und Alfred gegenüber!
3. Aus welchen Gründen scheitert ihr Emanzipationsversuch?
4. Stellen Sie den Rollenkonflikt des Zauberkönigs dar!
5. Beschreiben und deuten Sie sein Verhalten seiner Tochter gegenüber!
6. Beschreiben und deuten Sie Oskars Verhalten Marianne gegenüber!
7. Beschreiben Sie Alfreds Verhalten Marianne gegenüber!
8. Aus welchen Gründen lässt sich Marianne mit Alfred ein?
9. Welche Rolle spielt Valerie im Geschehen? Wie verhält sie sich Marianne gegenüber?
10. Welche Bedeutung haben die Nebenfiguren Havlitschek, Erich, der Rittmeister und der »Mister«?
11. Wodurch unterscheidet sich das Verhalten der Großmutter Marianne gegenüber von dem anderer Personen?
12. Aus welchen Gründen lassen sich die einzelnen Personen auf die Versöhnung am Schluss ein?
13. Welches Frauen- und Familienbild steht hinter dem Verhalten der Personen Marianne gegenüber?
14. Beschreiben und deuten Sie die Struktur des Stückes! Welche Bedeutung hat seine Kreisform?
15. Welche Veränderungen zum Volksstück im üblichen Sinne lassen sich feststellen, und wie sind sie zu deuten?
16. Interpretieren Sie das Motto des Stücks!

17. Wenden Sie das Motto auf das Geschehen an!
18. Welche Besonderheiten weist Horváths Sprache auf, und wie sind sie von seiner Intention her zu deuten?
19. Welche Sprachschichten und Dialogformen können unterschieden werden?
20. Nennen und deuten Sie wichtige Stilmittel Horváths!
21. Welche Funktionen hat die Regie-Anweisung »Stille«?
22. Interpretieren Sie die Symbolik der Schauplätze, der Todesmotive und des Sauabstechens!
23. Welche Funktion hat die Musik in Horváths Stück?
24. Wie geht Horváth mit den musikalischen Elementen um?
25. Welche Auffassungen von Moral haben der Beichtvater, Oskar und die Großmutter?
26. Inwiefern bestimmen diese Auffassungen ihr Verhalten Marianne gegenüber?
27. Welche Bedeutung hat Mariannes Kind für die Gesellschaft und für sie selbst?
28. Welche historischen Voraussetzungen bedingen den Niedergang des alten Mittelstandes?
29. Welche Kritik an der (klein-)bürgerlichen Gesellschaft übt Horváth in seinem Stück?
30. Nennen Sie wichtige Stationen aus Horváths Leben!
31. Wie wurde das Stück bei der Uraufführung und nach dem Krieg von Publikum und Kritik aufgenommen?
32. Welche Schwerpunkte der Interpretation lassen sich setzen?

10. Lektüretipps/Verfilmung

Einzelausgaben

Ödön von Horváth: Geschichten aus dem Wiener Wald. Edition und Nachwort von Traugott Krischke. Frankfurt: Suhrkamp, 1977. (Bibliothek Suhrkamp.) – *Enthält die vorletzte Fassung: »Volksstück in sieben Bildern« und Peter Handkes »Totenstille beim Heurigen«.*

Ödön von Horváth: Geschichten aus dem Wiener Wald. Volksstück in drei Teilen. Text und Kommentar. Frankfurt: Suhrkamp, 2001. (Suhrkamp BasisBibliothek. 26.)

Ödön von Horváth: Geschichten aus dem Wiener Wald. Volksstück. Herausgegeben von Klaus Kastberger und Nicole Streitler. Stuttgart: Reclam, 2009. (Universal-Bibliothek. 18613.) – *Enthält Material zu den Vorstufen des Stückes. Nach dieser Ausgabe wird zitiert.*

Materialien

Hildebrandt, Dieter und Traugott Krischke (Hrsg.): Über Ödön von Horváth. Frankfurt a. M. 1972. S. 18–58.

Krischke, Traugott (Hrsg.): Materialien zu Ödön von Horváth. Frankfurt 1970. [zit. Krischke, 1970] – *Enthält Horváths »Gebrauchsanweisung« und sein »Interview mit Willi Cronauer«.*

Krischke, Traugott (Hrsg.): Materialien zu Ödön von Horváths »Geschichten aus dem Wiener Wald«. Frankfurt a. M. 1972. [zit. Krischke, 1972] – *Enthält Wapnewskis Interpretation und Handkes »Nacherzählung«, außerdem viel Material zur Rezeption.*

Krischke, Traugott (Hrsg.): Horváths *Geschichten aus dem Wiener Wald*. Frankfurt a. M. 1983. [zit. Krischke, 1983] – *Interessante Aufsätze, ausführlicher Exkurs über den Mittelstand.*

Krischke, Traugott u. Hans F. Prokop (Hrsg.): Ödön von Horváth. Leben und Werk in Dokumenten und Bildern. Frankfurt a. M. 1972. – *Eindrucksvolles Bild- und Textmaterial.*

Schmidjell, Christine: Erläuterungen und Dokumente. Ödön von Horváth *Geschichten aus dem Wiener Wald*. Stuttgart 2000, 2009. – [Reclams Universal-Bibliothek. 16066] *Sehr gute, ausführliche Wort- und Sacherklärungen sowie Dokumente zur Entstehung und Rezeption.*

Zur Biografie und zum Werk

Bartsch, Kurt: Ödön von Horváth. Stuttgart 2000. – *Sehr ausführliche Darstellung von Horváths Leben in Verbindung mit seinem Werk.*

Fritz, Axel: Ödön von Horváth als Kritiker seiner Zeit. Studien zum Werk in seinem Verhältnis zum politischen, sozialen und kulturellen Zeitgeschehen. München 1973. – *Gute Charakteristik der Personen.*

Haag, Ingrid: Ödön von Horváth. In: Allkemper, Alo u. Norbert Otto Eke (Hrsg.): Deutsche Dramatiker des 20. Jahrhunderts. Berlin 2000. S. 303–320. [Zit. Haag, 2000] – *Gute Herausarbeitung der dramatischen Technik Horváths.*

Hell, Martin: Mord und k.o.-Schlag. Die »süße Brutalität« in Horváths Dramen. In: Krischke, 1983, S. 84–115. – *Gute Darstellung der Ortssymbolik.*

Hildebrandt, Dieter: Ödön von Horváth. In Selbstzeugnissen und Bilddokumenten. Reinbek bei Hamburg 1975. (Rowohlts Monographien. 231.) – *Ältere, aber immer noch sehr informative Lebensdarstellung in Verbindung mit seinen Werken.*

Hobek, Friedrich: Ödön von Horváth: Geschichten aus dem Wiener Wald. Frankfurt a. M. [2]1999. – *Interessante Fragestellungen, vertieftes Eingehen auf alle wesentlichen Probleme.*

Karasek, Helmuth: Die Erneuerung des Volksstücks. In: Arnold, Heinz Ludwig u. Theo Buck: Positionen des Dramas. Analysen und Theorien zur deutschen Gegenwartsliteratur. München 1977. S. 137–169.

Kim, Jeong-Yong: Das Groteske in den Stücken Ödön von Horváths. Diss. Bern 1995.

Krischke, Traugott: Ödön von Horváth. Kind seiner Zeit. Berlin 1998. – *Gut lesbare Biografie unter starker Berücksichtigung des zeitlichen Kontextes.*

Kurzenberger, Hajo: Horváths Volksstücke. Beschreibung eines poetischen Verfahrens. München 1974. – *Interessante Interpretation unter starker Berücksichtigung der Sprache.*

Mennemeier, Franz Norbert: Modernes deutsches Drama. Kritiken und Charakteristiken. Bd. 2: 1933 bis zur Gegenwart. München 1975. S. 27–38.

Zu *Geschichten aus dem Wiener Wald*

Buck, Theo: Ödön von Horváth, *Geschichten aus dem Wiener Wald.* In: Interpretationen. Dramen des 20. Jahrhunderts. Bd. 1. Stuttgart 1996. S. 373–396. [Reclams Universal-Bibliothek. 9460.] – *Lesenswerte Interpretation des*

Stückes mit genauerem Eingehen auf Probleme, Personen, zeitlichen Kontext, Symbolik und andere formale Besonderheiten.

Emrich, Wilhelm: Die Dummheit oder das Gefühl der Unendlichkeit. In: Ders.: Geist und Widergeist. Wahrheit und Lüge in der Literatur. Studien. Frankfurt a. M. 1965. S. 187.

Erken, Günther: Ödön von Horváth: *Geschichten aus dem Wiener Wald*. In: Berg, Jan u. a. (Hrsg.): Von Lessing bis Kroetz. Einführung in die Dramenanalyse. Kursmodelle und sozialgeschichtliche Materialien für den Unterricht. Kronberg/Ts. 1975. S. 139–157. – *Ausführliche, interessante Interpretation des Stückes unter besonderer Berücksichtigung der Konfiguration und des gesellschaftlichen Umfeldes der Personen.*

Haag, Ingrid: Zeigen und Verbergen. Zu Horváths dramaturgischem Verfahren. In: Krischke, 1983. S. 138–153. [Zit. Haag, 1983]. – *Schwerpunkt: Herausarbeitung des Fassadencharakters der Gesellschaft.*

Hildebrandt, Dieter: Der Jargon der Uneigentlichkeit. Notizen zur Sprachstruktur in Horváths »Geschichten aus dem Wiener Wald«. In: Krischke, 1972, S. 236–354.

Hollmann, Hans: Marianne oder von der Erziehung zur Preisgabe des Willens. Ein Beitrag zur Gesellschaftskritik. In: Krischke, 1972, S. 223–236.

Ladnar, Ulrike: Ödön von Horváth, *Geschichten aus dem Wiener Wald*. Unterrichtsvorschläge und Kopiervorlagen zu Buch, Audio Book und CD-Rom. Berlin 2002. – *Gute unterrichtliche Aufarbeitung der Probleme anhand von Materialien.*

Wapnewski, Peter: Ödön von Horváth und seine »Geschichten aus dem Wiener Wald«. In: Manfred Brauneck

(Hrsg.): Das deutsche Drama vom Expressionismus bis zur Gegenwart. Bamberg 1977. S. 118–138. – *Lesenswerter, sehr anregungsreicher, feuilletonistisch geschriebener Aufsatz, der viele Aspekte des Stückes berücksichtigt. Der Aufsatz ist auch in Krischke, 1972, S. 10–43, abgedruckt.*

Verfilmung

Geschichten aus dem Wiener Wald (Deutschland/Österreich 1979). Regie: Maximilian Schell. Mit Helmut Qualtinger, André Heller, Birgit Doll, Hanno Pöschl u. a.

Raum für Notizen